Peter Sasse

TIERE SIND DIE BESSEREN MENSCHEN

Ein Buch für:

Tierquäler und Tierschützer
Fleischesser und Vegetarier
Gläubige und Nichtgläubige

MUSKETIERVERLAG

Besuchen Sie uns im Internet:

www.musketier-verlag.de

MUSKETIERVERLAG

Unternehmergesellschaft (haftungsbeschränkt)

Brautstraße 1-2, 28199 Bremen

Lektorat: Wiebke Jakob, neusta communications GmbH, Bremen

PR-Konzept: neusta communications GmbH, Bremen

Buchdesign: neusta communications GmbH, Bremen

Verlagsdesign und Homepage: werbeagentur-hannover.eu

1. Auflage, Printed in Germany, ISBN 978-3-946635-01-7

Glückliches oder qualvolles Leben – darüber entscheidet der Mensch

Bild 1a: Glückliche Schweine im Freien

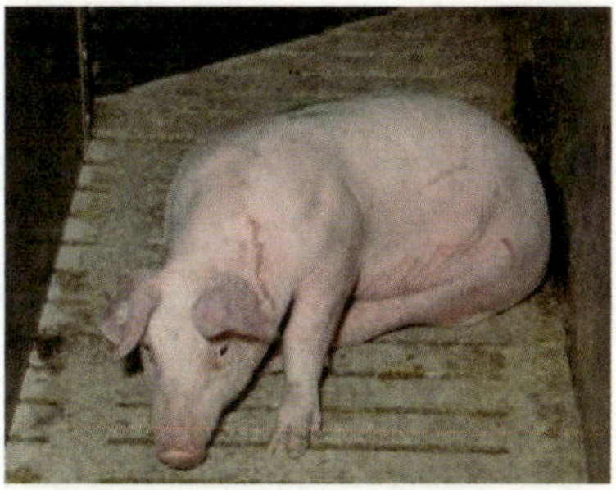

Bild 1b: Schwein auf Spaltenboden

Bild 1c: Toben im Freien

Bild 1d: Welpe im engen Züchterkäfig

Zwei Dinge sind unendlich, das Universum
und die menschliche Dummheit,
aber bei dem Universum bin ich mir noch nicht ganz sicher.

Albert Einstein (Physiker, Nobelpreisträger)

Inhaltsverzeichnis

6 Tierquälerei als religiöses Kulturerbe

10 Ungewöhnliche Tierfreundschaften

11 Positive Meldungen geben Hoffnung

12 Ein heißes Thema: Biblische Schöpfung oder Evolution?

Vorwort

Als Zehnjähriger beobachtete ich einmal, wie drei ältere Jugendliche einen Jungvogel am Boden sitzen sahen, der für den Moment wohl zu schwach war, um vor ihnen wegzufliegen. Einer nahm den Vogel auf, zeigte ihn den anderen, grinste und warf ihn mehrmals gegen eine Hausmauer, bis er schließlich nach einigen kläglichen Lauten regungslos liegen blieb. Die anderen beiden standen dabei und lachten. Ich rannte entsetzt nach Hause und dachte darüber nach, wie es Menschen möglich sein kann, gegenüber dem Leiden einer wehrlosen Kreatur so völlig abgestumpft und gefühlskalt zu sein. Dieses Ereignis ging mir lange Zeit nicht aus dem Kopf und ist beim Schreiben dieses Buches wieder so präsent, als wäre es gestern gewesen. In den Medien hören und lesen wir über Jugendliche und Erwachsene, die Hunden und Katzen die Augen ausstechen, mit Igeln Fußball spielen oder Hühnern die Beine abhacken, um sich an ihrer verzweifelten Fortbewegung zu amüsieren.

Wie ist es mit dem Innenleben solcher Menschen bestellt? Sie sollen laut christlicher Lehre eine von Gott eingehauchte Seele haben. Ein Hund, der ins eiskalte Wasser springt und ein Kleinkind vor dem Ertrinken rettet aber nicht? Zudem geht es um die Frage, wie Theologen, Philosophen, Wissenschaftler und Menschen wie du und ich mit Begriffen wie Seele, Empathie, Gefühl, Sympathie, Mitleid und Verantwortung umgehen. Wie sogar wissenschaftlich nachgewiesen ist, kennen auch Tiere Eigenschaften wie Hilfsbereitschaft, Selbstlosigkeit, Mitgefühl und sogar Treue bis in den Tod. Diese und noch viele andere treffen auf die meisten höheren Lebewesen zu. Besonders aber steht ein Tier gerade in Bezug auf Seele und Empathie im Fokus der heutigen Forschung und damit auch in meiner Betrachtung: Der älteste Freund des Menschen. Mit dem Hund und seiner sprichwörtlichen treuen Hundeseele haben wir seit 30.000 Jahren intensive Erfahrung und somit auch Vergleichsmöglichkeiten zu anderen, uns nahestehenden Lebewesen. Die meisten Menschen sehen unsere tierischen Mitbewohner hauptsächlich als Speise-, Zoo-, Nutz-, Freizeit- oder Versuchstiere und nicht als eigenständige Lebewesen. Millionen Zuschauer sitzen abends im Fernsehsessel und sehen Informationssendungen über das unsagbare Leid in der Massentierhaltung. Sie schütteln den Kopf, sind kurzzeitig empört und kaufen am nächsten Tag zwei Schweineschnitzel paniert und fertig gebraten für 1,79 Euro beim Discounter. Sie haben bereits verdrängt, unter welchen qualvollen Bedingungen Tiere alleine schon leben mussten, um für diesen Preis angeboten werden zu können. Letztendlich bestimmen die Verbraucher die Größe des Leidens und der Schmerzen unserer „Nutztiere". Sie nehmen Massentierhaltung, Schreddern von lebenden Küken, Leiden bei Tiertransporten durch ganz Europa oder quälende, meist nutzlose Laborversuche an Affen, Hunden sowie Katzen in Kauf und gehen zur Tagesordnung über. Wie würde es diesen Menschen ergehen, müssten sie nur ein einziges Mal drei Minuten lang in die Augen eines an Händen und Füßen gefesselten Schimpansen blicken, der bewegungslos mit aufgerissenen Augen hinter einer Glasscheibe im Versuchslabor sitzt und mit flehendem Blick schreien möchte: „Hol mich hier raus!"? Schreien kann er allerdings nicht, weil man wie so vielen anderen die Stimmbänder zuvor durchtrennt hat.

Der deutsche Dichter Christian Morgenstern schreibt: „Weh dem Menschen, wenn nur ein einziges Tier im Weltgericht sitzt." Was wäre wirklich, wenn dieser biogenetisch nächste Verwandte des Menschen, der auf die gleichen Vorfahren zurückblickt wie wir, beim jüngsten Gericht als Richter seinen Peinigern gegenübersäße? Ich könnte mir vorstellen, dass er sogar menschlicher urteilen würde, als diese je dazu in der Lage gewesen wären – denn das grausamste Wesen auf Erden ist und bleibt der Mensch. Tiere leiden sowohl körperlich als auch emotional unter dem Verhalten der „Krone der Schöpfung“ und ich hoffe, dass irgendwann ein Bewusstseinswandel möglich sein wird, damit es zu einem gerechten Umgang mit Mensch und Tier auf unserem Planeten kommt. Jeder einzelne, der einen Teil seiner bisherigen Gleichgültigkeit aufgibt und bewusster mit Tieren sowie ihren Produkten umgeht, ist schon ein Gewinn. Welch ein Teilerfolg, wenn es auch nur einem einzigen Tier dadurch besserginge! Wer die gelegentlich in den Medien veröffentlichten Undercover-Bilder und Videos über das Leid der Tiere noch nie gesehen hat, sollte sich darauf einstellen, dass er in einzelnen Kapiteln dieses Buches von Grausamkeiten erfährt, die ihn vielleicht schockieren werden. Dabei geht es um Millionenfache Quälerei in der Massentierhaltung, um eine grausame Tötungsmaschinerie im Minutentakt in den Schlachtfabriken und um die meist nutzlosen, aber schmerzhaften Experimente an uns nahestehenden Tieren zu Versuchszwecken. Es geht um das lebendige Verbrennen von Ponys und Hunden bei Familienfesten, um das Zufügen tiefer Schnittwunden bei lebenden großen sowie kleinen Tieren zur Freude zahlender, grölender und trinkender Besucher bei Volksfesten, vor allem in südlichen katholischen Ländern.

Damit der Leser dieses Buch ob dieser negativen Vorausschau nicht gleich aus der Hand legt, möchte ich aber auch auf die vielen positiven und anrührenden Kapitel über menschliches und tierisches Verhalten hinweisen. Sie werden erfahren, wie groß das Spektrum von Empathie, Liebe, Hilfsbereitschaft, Güte, Hingabe und Mitgefühl in großen Teilen der Bevölkerung ist. Sie werden ihre Freude an herzerwärmenden Freundschaften von Mensch zu Tier, Tier zu Mensch und Tier zu Tier haben. Zudem gibt es Neues und Interessantes aus Religion, Philosophie und Naturwissenschaft über Körper, Seele sowie Geist der Geschöpfe. Und die Leser erhalten Informationen aus Forschung und Wissenschaft über die Entstehung von Mensch und Tier, ihrer gemeinsamen Abstammung sowie verwandtschaftlichen Beziehungen.

Es gibt eine indische Geschichte, die zum Nachdenken anregt und die man durchaus auf unser christliches Abendland übertragen kann: „Ein Mann will dem Buddha begegnen, aber ist der Buddha nicht schon längst tot, wie soll man ihn treffen können? Ein andrer, ein Weiser sagt: Geh auf den Markt, da triffst du ihn. Aber, sagt der eine, wie soll ich ihn erkennen? Sehr einfach, sagt der andere: du begegnest ihm in jedem Bettler, in jeder Frau, in jedem Tier. Der erste Hund, der dir in den Weg läuft, das ist er."[1] Und auch die folgende kleine Geschichte ist beeindruckend und passt zur Tendenz dieses Buches. Ein Unbekannter schreibt: „Ich betrachtete all die in Käfigen sitzenden Tiere im Tierheim ... die Wegwerfprodukte der menschlichen Gesellschaft. Ich sah in ihren Augen Liebe und Hoffnung, Angst und Schrecken, Trauer und Verrat. Und ich war voller Zorn. ‚Gott', sagte ich, ‚das ist schrecklich! Warum tust du nicht etwas?' Gott war einen Moment lang still und dann sprach er: ‚Ich habe etwas getan, ich habe dich geschaffen.'"[2]

---

[1] Zitiert nach Drewermann, S. 13

[2] Jim Willis 1999, gefunden u.a. bei www.animal-learn.de

„Ich fürchte, die Tiere betrachten den Menschen
als ein Wesen ihresgleichen,
das in höchst gefährlicher Weise
den gesunden Tierverstand verloren hat.“

Friedrich Nietzsche (1844-1900)

1 Wissenswertes über die Seele in Religion, Philosophie und Naturwissenschaft

Wie würden Sie, lieber Leser, die Seele definieren? Sie merken schnell, es ist äußerst schwierig, da sie materielos ist und man sie deshalb nicht orten und wissenschaftlich erforschen kann. Von daher unterliegt sie nur der menschlichen Vorstellung. Sie hat im Laufe der letzten Jahrtausende je nach religiösen, philosophischen, mythischen oder psychologischen Betrachtungsweisen zu viele unterschiedliche Auslegungen erfahren, als dass wir uns auf eine gültige Definition berufen könnten. Bevor wir uns mit dem Leid der Tiere aufgrund ihrer von den christlichen Kirchen nicht anerkannten Seele beschäftigen, zeige ich kurz die wichtigsten Lehrauffassungen aus religiöser und philosophischer Sicht auf.

Philosophische Auffassung der Antike

Wichtig für die späteren Lehrauffassungen der Kirche sind die Lehren des griechischen Philosophen Plato (428-348 v. Chr.) und seines Lehrers Sokrates. Sie erklärten die Seele für nicht materiell, unsterblich und existenziell unabhängig vom Körper. Seele und Körper sind in ihrer Beschaffenheit völlig unterschiedlich und ihr Zusammenwirken nur bis zum Tod bedeutsam. Nach Plato existiert die Seele über den Tod hinaus und sieht den Körper somit als „Grab der Seele“[3] Auch die Tiere haben eine Seele, und im Gegensatz zum späteren Christentum war für Plato der Unterschied zwischen Tier und Mensch nicht exakt festgelegt, sondern mehr fließend – was Darwin mehr als 2000 Jahre später in seiner Evolutionslehre nachgewiesen hat (siehe Kap. 12).

---

[3] Die berühmte Charakterisierung des Körpers als Grab der Seele findet sich im Georgias 493a und im Kratylos 400c

Christliche Auffassung in Antike und Mittelalter

Im antiken bis mittelalterlichen Christentum versteht man unter der Seele im Sinne von „nefesch" (Atem) die Eigenschaft eines bestimmten Individuums lebendig = „vital" zu sein, und das gilt sowohl für Mensch als auch Tier. Der griechische Begriff „psyche" wird in älteren Übersetzungen des Neuen Testamentes (NT) mit „Seele" wiedergegeben. Der Auferstehungsgedanke entspricht der ganzheitlichen Auffassung von Leib und Seele, die schon im Urchristentum vorhanden war. Das Verhältnis von Leib und Seele bzw. Psyche ist im NT ausgesprochen kompliziert, da allein der Begriff Psyche mehrdeutig, gegensätzlich und nur sehr vage definiert ist. Die Seele wird unabhängig vom Leib gesehen und kann nicht zerstört werden: (Mt 10,28) „Fürchtet euch nicht vor denen, die den Leib töten, die Seele aber nicht töten können, sondern fürchtet euch vor dem, der Seele und Leib ins Verderben der Hölle stürzen kann." Die Kirchenväter übernahmen die platonische Auffassung einer Fortexistenz der Seele nach dem Tod, mussten aber gleichzeitig aufgrund der Auferstehungslehre an einer Verbindung von Leib und Seele festhalten, was wiederum für Platoniker nicht vorstellbar war.

Die menschliche Seele im Katechismus

Was unter der Seele des Menschen im religiösen Sinn zu verstehen ist, wird durch den Katechismus festgelegt. Er ist ein Handbuch der Unterweisung in den christlichen Grundfragen, sozusagen ein Kursbuch des Glaubens. Das Wort Katechismus bedeutet aus dem griechischen abgeleitet „unterrichten". Im evangelischen Bereich gibt es den kleinen und großen Katechismus von Martin Luther. Letzterer hat acht Kapitel, während der Katechismus der katholischen Kirche (KKK) mehr als 2800 Absätze aufweist. Da hier fast jede religiöse Frage angesprochen wird, zitiere ich überwiegend hieraus die wichtigsten Aussagen über die Seele mit entsprechenden Absatznummern.

„In der Heiligen Schrift bedeutet der Ausdruck Seele oft das Leben des Menschen. Er bezeichnet aber auch das Innerste im Menschen, das Wertvollste an ihm, das, wodurch er am meisten nach dem Bild Gottes ist." (KKK 363) „Die Kirche lehrt, dass jede Geistseele unmittelbar von Gott geschaffen (...) und dass sie unsterblich ist. Sie geht nicht zugrunde, wenn sie sich im Tod vom Leibe trennt, und sie wird sich bei der Auferstehung von neuem mit dem Leib vereinen." (KKK 366)

Die Unsterblichkeit der Seele – eine Glaubenssache

Im fünften Laterankonzil 1513 wurde die Unsterblichkeit der menschlichen Seele von der Kirche als verbindliche Glaubenswahrheit festgelegt, die nicht nur eine allein schon durch die Vernunft einsehbare Tatsache sei, sondern von Gott direkt offenbart wurde. Deshalb sei jede andere Meinung, ob theologisch oder philosophisch, zu verwerfen. Die Kirche hat es sich mit ihren Wahrheiten schon immer leichtgemacht, da sie bei all ihren offenbarten Glaubenssätzen noch nie belegt hat, wann, wo, und wem Gott die jeweils neuen Wahrheiten offenbart haben soll. Die Behauptung ist immer gleichzeitig der Beweis, da sie ja nach kirchlicher Festlegung unfehlbar verkündet wird.[4] Deshalb ist aus ihrer Sicht jede andere Denkweise falsch. Der Glaube aber kann niemals als wahr im Sinne wissenschaftlichen Denkens nachgewiesen werden, so sehr die Kirche auch behauptet, sie sei im Besitz der „ewigen Wahrheit". Das unwissenschaftliche daran ist die Behauptung, als Stellvertreter Gottes könnten sie sich nicht irren, und von daher seien ihre Dogmen unfehlbar. Es ist aber unbestritten, dass einer wahren Erkenntnis immer ein Wissen vorausgeht, während sich der Glaube auf das Unerklärbare und Geheimnis beruft. Die Bibel sagt: (Hebräer 11,1) „Glaube aber ist: Feststehen in dem, was man erhofft, überzeugt sein von Dingen, die man nicht sieht." Das ist richtig, denn Glaube beruht auf Annahme, Wissen hingegen auf beweis-

---

[4] Denzinger, Hünermann, S. 449f

baren Inhalten. Und das wiederum ist der Grund dafür, dass sich die Naturwissenschaft mit Begriffen wie Geist, Seele, Gemüt und Bewusstsein schwertut. Sie kann keine beweisbaren Aussagen liefern, da ihre Methoden des Beobachtens und Messens aufgrund der Materielosigkeit der Untersuchungsobjekte hier nicht angewendet werden können. Die Kirche ist bis heute bei ihrer lehramtlichen Festlegung des fünften Laterankonzils geblieben und hat auch in Bezug auf die Entstehung der Seele und ihrem Verhältnis zum Körper wie bei den meisten Dogmen an antiken sowie mittelalterlichen Traditionen festgehalten. Sie erklärte in der achten Sitzung des Laterankonzils zu Rom am 19.12.1513, dass der Mensch eine individuelle und unsterbliche Seele besitze, was die Voraussetzung für seine persönliche Unsterblichkeit sei.[5] Leider finden wir Aussagen über die Unsterblichkeit der Seele gerade nicht dort, wo wir sie als erstes vermuten müssten: in der Bibel.

Im Katechismus wurde 2005 festgelegt: (KKK 70) „Die Geistseele kommt nicht von den Eltern, sondern ist unmittelbar von Gott geschaffen; sie ist unsterblich. Sie geht nicht zugrunde, wenn sie sich im Tod vom Leibe trennt …"[6] Die Unsterblichkeit der Seele des Menschen ist also weder naturwissenschaftlich, noch philosophisch, noch theologisch nachweisbar – sie ist nur im Glauben vorhanden. Wenn jedoch die menschliche Seele unsterblich ist, muss das dann nicht auch für die tierische Seele gelten? Haben die vielen Völker in den alten Stammes- und Kulturgesellschaften nicht vielleicht recht, wenn ihre Jäger vor der Jagd die Seele der Tiere anrufen und sie um Verzeihung bitten, weil man weiß, dass sie Gefühle haben, genauso gern leben und Angst vor dem Tod haben wie wir?

---

[5] Ott, Handbuch, S. 156

[6] Katechismus der Katholischen Kirche. Kompendium, München 2005, S. 49.

Nach dem Theologen und Verhaltensbiologen der Universität Münster, Dr. Rainer Hagencord, ist die Seele reine Poesie. Nirgendwo finden wir etwas über die Unsterblichkeit der Seele, nicht einmal im NT bei Paulus und seiner immer wieder verkündeten Auferstehungslehre. Die Seelenlehre der Kirche ist nicht von Gott offenbart, wie immer wieder von der Kirche behauptet. Vielmehr sind es die Versuche, menschliche Vorstellungen mit theologischen Notwendigkeiten zusammenzubringen. In KKK 994 wird gesagt: „Jesus selbst wird am letzten Tag jene auferwecken ..., die seinen Leib gegessen und sein Blut getrunken haben." Es heißt tatsächlich im Johannesevangelium (Joh 6,53f): „Werdet ihr nicht essen das Fleisch des Menschensohnes und trinken sein Blut, so habt ihr kein Leben in euch. Wer mein Fleisch isst und trinkt mein Blut, der hat das ewige Leben, und ich werde ihn am Jüngsten Tage auferwecken."

Das mag Johannes in seinem antiken Glauben ja so gedacht und auf Jesus übertragen haben. Allerdings ist es nach heutigem Wissensstand nicht denkbar, dass Jesus den Jüngern Brot brach mit den Worten „Das ist mein Leib" und ihnen den Kelch gab mit den Worten „Das ist mein Blut". Jesus war Jude, und mit der Aufforderung, Fleisch und Blut eines Menschen zu sich zu nehmen, verstieß man schwer gegen die strengen jüdischen Gesetze. Und der Genuss von Blut, sogar von Fleisch mit Restblut, war bei Strafe verboten. Wie alle Juden hätte sich Jesus davor auch regelrecht geekelt. Solche Worte können also nicht von ihm stammen, zumal keiner der Evangelisten Jesus je kennengelernt und seine Worte nie gehört hat. All diese Äußerungen sind erst lange nach seinem Tod entstanden und entsprechend auf ihn projiziert worden. Ich habe Priester kennengelernt, die solche Vorstellungen als irreal ablehnen und an diesbezügliche Aussagen im Katechismus oder in den Dogmen trotz Strafandrohung durch die Kirche nicht glauben.

Was Auferstehung bedeutet, erklärt uns KKK 997: „Im Tod bei der Trennung der Seele vom Leib, fällt der Leib des Menschen der Verwesung anheim, während seine Seele Gott entgegengeht und darauf wartet, dass sie einst mit ihrem verherrlichten Leib wiedervereint wird." Die Seele soll also im Himmel oder davor darauf warten, dass der verweste oder verbrannte oder von wilden Tieren gefressene oder in alle Winde verstreute Leichnam sich wieder zusammensetzt, „indem er ihn Kraft der Auferstehung Jesu wieder mit unserer Seele vereint." Doch wer legt so etwas fest und wer kommt überhaupt in den Himmel? Nach katholischer Lehre nur diejenigen, die der Kirche angehören, die ihren Dogmen sowie Glaubenssätzen folgen und natürlich an Gott glauben. Doch was ist mit den Menschen, die nicht an diesen kirchlich vorgegebenen Gott glauben und auch an keinen anderen, also den Atheisten? Haben sie keine Seele? Und wenn doch, ist sie dann auf ewig verdammt?

Nicht nur die Kirche mit ihren selbst festgelegten Dogmen, auch Gott sagt uns, wen er auf keinen Fall in seiner Gemeinde haben möchte, beispielsweise Gebrechliche, Fremde und Mischlinge (5. Mose 23,3f): „Es soll auch kein Mischling in die Gemeinde des Herrn kommen; auch seine Nachkommenschaft bis ins zehnte Glied soll nicht in die Gemeinde des Herrn kommen." Daneben sind auch Körperbehinderte dem Schöpfer allen Lebens nicht willkommen (3. Mose 21,17ff): „Jemand von deinen Nachkommen bei ihren Generationen, an dem ein Makel ist, darf nicht herannahen, um das Brot seines Gottes darzubringen; denn jedermann, an dem ein Makel ist, darf nicht herannahen, sei es ein blinder Mann oder ein lahmer oder einer mit gespaltener Nase oder der ein Glied zu lang hat, oder ein Mann, der einen Bruch am Fuß oder einen Bruch an der Hand hat, oder ein Buckliger oder ein Zwerg ...". Und es folgen immer weitere Behinderungen. Selektion war immer schon das Kennzeichen monotheistischer Religionen. Und man kann noch interessanter fragen: Was ist mit

Priestern, Bischöfen und Päpsten, die nicht an Gott glaubten? Davon gab es viele. Können Verbrecher, Betrüger, Sexualstraftäter und Massenmörder in den Himmel kommen, nur, weil sie das Gewand des Stellvertreters Gottes getragen haben? (Sasse 2016, S. 98ff)

Als Beispiel von vielen möchte ich hier Papst Alexander VI. (1431-1503) nennen, der vom Papsthistoriker Hans Kühner als „vollkommener Verbrecher" bezeichnet wird. Seit dem Mittelalter entwickelte sich das Papsttum zu einer Macht-, Pracht-, Lust- und Spaßgesellschaft mit entsprechender Auspressung des Volkes zur Finanzierung des feudalen Lebensstils bei gleichzeitiger Unterdrückung sowie Verfolgung Andersdenkender, um diese Macht nicht zu verlieren. Es gab viele Bischöfe und Päpste, die man nicht gerade als gläubige Christen bezeichnen konnte – wie Papst Leo X, wenn er zum Gelehrten Pietro Bembo sagte: „Alle Welt weiß doch, wie viel uns diese Fabel von Christus eingebracht hat."[7] Über die Armen, die für Segen oder Ablass der Kirche kein Geld hatten, ließ seine Heiligkeit in seiner Ablass-Taxe verlauten: „... denn sie haben kein Geld, also müssen sie des Trostes entbehren." Je häufiger ich den Katechismus lese, desto mehr staune ich persönlich, wie die Kirche Dinge interpretiert, konstruiert und verbreitet hat. So hat sie durch die Jahrhunderte beispielsweise eigene Glaubenssätze konstruiert und zu Dogmen erhoben, konnte jedoch nie verständlich erklären, auf welche Weise diese durch Gott offenbart wurden. Wenn Menschen fragen, wie das alles gegen die Naturgesetze, gegen die Ordnung der Schöpfung entstanden sein soll, sind die Antworten stets unverbindlich (KKK 1000): „Dieses ‚Wie' übersteigt unsere Vorstellungen und unser Verstehen; es ist uns nur im Glauben zugänglich. Der Empfang der Eucharistie gibt uns aber schon eine Vorahnung von der Verklärung unseres Leibes durch Christus ..." Mit welcher Arroganz der Klerus den ungebildeten Gläu-

---

[7] Herrmann, S. 142

bigen immer schon begegnete, zeigte der viel zitierte Kirchenlehrer Thomas von Aquin: „... der Glaube aber ist nötig für die Ungebildeten, für die jungen Menschen und all diejenigen, denen es an Muße fehlt, sich mit Philosophie zu beschäftigen ... Für sie reicht die Offenbarung."[8] Wie einfach man Unwissenden den Glauben servieren kann, zeigte bereits Augustinus: „Glaube ist, an das zu glauben, was man bis dahin nicht sehen kann. Die Belohnung dafür ist, das zu sehen, was man glaubt!" Selig, wer sich damit zufriedengeben kann! Der Glaube versetzt Berge, aber Wissen erleuchtet den geistigen Horizont. So lesen wir in „Christ & Welt": „Wie schön, dass Plato als Schüler des Sokrates besser im Bilde war. Bei ihm findet sich alles, was sich in der Bibel nicht findet, aber seit 1513 katholisch ist: der menschliche Körper als ‚Grab der Seele', die Seele als das Unsterbliche, mit dem wir das Gerechte, Schöne und Gute erfassen. Nur dass nach dem Tod mit der Seele auch ihr Grab aufersteht, war nicht im Sinne Platos und darf als katholische Eigenkreation gelten."[9] Genauso ist es, denn die Bibel enthält keine einheitlichen Aussagen über die Seele – weder über die menschliche noch über unsere tierischen Verwandten. Diese sind eher undifferenziert, vielförmig, unverbindlich und widersprüchlich, wie auch alle anderen Aussagen, mit denen wir uns nachfolgend befassen werden.

Die Kirche und die Frauenseele

Kirchenlehrer, Päpste, Synoden und Konzilien unterschieden in den letzten 1500 Jahren grundsächlich zwischen Männern und Frauen. Nicht nur in Bezug auf gesellschaftliche Aufgaben, sondern gerade auch, was ihre Seele anbelangt. Wir lesen haarsträubende Aussagen über die andere Art der Seele des Weibes oder sogar über das erst gar nicht Vorhandensein einer Seele, da man die Minderwertigkeit des

---

[8] Thomas von Aquin in: „Summa contra Gentiles" (entstanden ca. 1259-64)
[9] Löbbert, Raoul in Christ und Welt, Ausgabe 31/2013

Weiblichen immer schon behauptet hat. Viele Päpste und Kirchenlehrer haben sich in ihrer Beurteilung des Weibes an antike griechische Philosophen angelehnt. So meinte Plato, dass Frauen das Ergebnis einer Degeneration sind, da nur Männer direkt von den Göttern geschaffen wurden und eine Seele haben. Und was er weiter sagt, war ganz im Sinne der späteren christlichen Kirchen: Von den Männern kehren nur die Gerechten zu den Sternen zurück, „aber von den Feiglingen und Ungerechten kann mit Recht angenommen werden, dass sie in der zweiten Generation in die weibliche Natur übergehen." Noch drastischer sprach Diagoras von Melos, ein griechischer Sophist und Lyriker mit Beinamen „der Atheist". Als er eine Frau sah, die an einem Ölbaum erhängt wurde, sagte er: „Mögen doch alle Bäume solche Früchte tragen." Eine der frühesten Aussagen der Kirche, von den frauenfeindlichen Äußerungen des Apostel Paulus einmal abgesehen, stammt vom Kirchenschriftsteller Clemens Alexandrinus: „Bei der Frau muss schon das Bewusstsein vom eigenen Wesen Scham hervorrufen." Kirchenlehrer Ambrosius (339-397), heiliggesprochen, ergänzt: „Die Frau muss das Haupt verhüllen, weil sie nicht das Ebenbild Gottes ist." Augustinus (354-430), bedeutender Kirchenlehrer und Heiliger: „Das Weib ist ein minderwertiges Wesen, das von Gott nicht nach seinem Ebenbilde geschaffen wurde. Es entspricht der natürlichen Ordnung, dass die Frauen den Männern dienen." (...) „Wenn nun gefragt, wozu dieses Gehilf [die Frau] nötig war, zeigt sich wahrscheinlich nichts anderes als die Hervorbringung von Kindern, so wie die Erde das Hilfsmittel für den Samen ist, damit aus beiden die Pflanze wachse."[10] Die heiligen Kirchenlehrer und Päpste berufen sich hauptsächlich auf die Bibel: In der Genesis (3,16) sagt Gott zu Eva: „Und dein Verlangen soll nach deinem Mann sein, aber er soll dein Herr sein", und das 3. Buch Mose stellt die Frau den Hau-

---

[10] Kirchenvater Augustinus (354-430), Über den Wortlaut der Genesis (De Genesi ad litteram) 6, 3, 5; Vgl. hierzu auch Deschner (1), S. 209

stieren gleich. Viele weitere Äußerungen passen zu dieser Lehre der Verachtung des Weiblichen, die sich seit dem Alten Testament (AT) durch die ganze Geschichte zieht – und zwar bis heute. Für die Minderwertigkeit des Weiblichen liefert der bedeutendste Kirchenlehrer, Thomas von Aquin, auch gleich die Begründungen: „Hinsichtlich der Einzelnatur ist das Weib etwas Mangelhaftes und eine Zufallserscheinung; denn die im männlichen Samen sich vorfindende Kraft zielt darauf ab, ein ihr vollkommen Ähnliches hervorzubringen. Die Zeugung des Weibes aber geschieht aufgrund einer Schwäche der wirkenden Kraft wegen schlechter Verfassung des Stoffes. ‚Femina es mas occasionatus' (Die Frau ist ein verfehlter Mann)."[11] Um die Diskriminierungsserie abzuschließen, eine letzte Aussage dieses heiligen Kirchenlehrers: „Ein männlicher Fötus wird nach 40 Tagen, ein weiblicher nach 80 Tagen ein Mensch. Mädchen entstehen durch schadhaften Samen ..." Thomas von Aquin übernahm auch viele Ansichten von Aristoteles, da sie genau seiner Einstellung zum Weiblichen entsprachen. Ansonsten hätte er sie in seinen Schriften nicht immer wieder formuliert und festgelegt. Dass ein so minderwertiges Wesen eine dem Manne gleichwertige Seele zugesprochen wird, muss man nach solchen Ansichten folgerichtig ausschließen.

Lukas dagegen zeigt in seinem Evangelium mindestens sieben Mal, wie sich Jesus in auffallender Weise um die Frauen gekümmert hat. Aus der Apostelgeschichte wie auch aus frühchristlichen Schriften wird ersichtlich, dass durchaus eine Gleichgebürtigkeit zwischen Mann und Frau gesehen wurde und die Jüngerinnen von Jesus eine führende Rolle in den frühesten christlichen Gemeinden zukam. Jesus will also die Frauen als ein gleichwertiges Geschöpf Gottes verstanden wissen. Dagegen beruft sich die Kirche in Bezug auf die Achtung der Frau nicht auf Jesus, sondern auf Paulus, der die Unterordnung

---

[11] Ebda

und Rechtlosigkeit der Frau aus dem Heidentum und dem römischen Staatsdenken übernommen hat. Die urchristliche Vision der Gleichberechtigung aller Menschen – unabhängig von Stand und Geschlecht – wandelt sich immer mehr in Verachtung und Verunglimpfung des Weiblichen. Das wird bereits im 2. Jh. mit der Entstehung des frühen Katholizismus sichtbar, als die männlich-hierarchischen Strukturen einer mehr an Geld und Macht orientierten Kirche Frauen in Ämtern nicht mehr dulden wollten.

Später ging die Frauenverachtung der Kirche sogar so weit, dass man auf Synoden darüber diskutierte, ob sie denn überhaupt eine Seele hätten, denn schließlich hatte Thomas von Aquin festgelegt: „Die volle Verwirklichung der menschlichen Art ist nur der Mann." Die Diskriminierung alles Weiblichen ist seit den Anfängen des Alten Testaments fester Bestandteil dieser Religion. Als später die religiösphilosophische Frage nach der Seele der Geschöpfe Gottes auftauchte, hat man zuerst den Tieren eine Seele abgesprochen. Danach gab es eine Zeit, „in der diese Kirche auch von den Frauen glaubte, sie hätten keine Seele oder doch eine viel niedrigere, als Männer sie haben. Es gab auch eine Zeit, in der man glaubte, ‚Neger' hätten keine Seele und dürften darum als Sklaven wie nicht lebende Ware verkauft und straflos getötet werden."[12] Selbst in unserer Zeit ist dieser klerikale Ungeist nicht auszurotten, als zum Beispiel Bischof Rudolf Graber von Regensburg 1980 bei der Einführung der Sexualkunde an Schulen mit einer kaum zu glaubenden Äußerung die Frau auf der Stufe des Tieres sah: „Vielleicht wird uns hier klar, warum wir auf den engen Zusammenhang des Weibes mit dem Tier aufmerksam machen: Sexualität führt zur Bestialität."[13] Man sieht, dass Frauen seit der Zeit des frühen Katholizismus als minderwertig angesehen wurden und

[12] Rinser, Luise in: Drewermann, S. 11

[13] Bischof Rudolf Graber von Regensburg zur Sexualkunde in Schulen, 1980 u.a. in http://www.politik-forum.eu/viewtopic.php?p=1848088&mobile=on

bis heute mit fadenscheinigen Begründungen von pastoralen Ämtern ausgeschlossen sind. Selbst Johannes Paul II. (†2005, 2014 heiliggesprochen) schwimmt noch auf dieser Diskriminierungswelle mit, als er 1988 in Bezugnahme auf Paulus eine der ältesten Begründungen für die Ungleichbehandlung der Frau wiederholte: „Ich gestatte es keiner Frau zu lehren und sich über den Mann zu erheben. Zuerst wurde ja Adam erschaffen, und dann erst Eva. Und nicht Adam wurde verführt, sondern die Frau ließ sich verführen und übertrat das Gebot." Diese theologisch immer wieder geäußerte unhaltbare Begründung hat er von Kirchenlehrern, Heiligen und Päpsten seit dem frühen Christentum übernommen – und man sieht, wie raffiniert selbst in der heutigen Zeit verdreht und manipuliert wird! Oder ist es doch eher Naivität gepaart mit Unwissenheit, wenn sich heute noch auf 3000 Jahre alte biblische Aussagen berufen wird? Man beachte einmal genau die klerikale Denkweise: Wird die Frau von einer Schlange verführt, ist die Frau die Schuldige, denn sie hat sich verführen lassen. Wird der Mann dann von der Frau verführt, ist die Frau die Schuldige, denn sie hat verführt. Eine raffinierte Logik, die darauf zielt, die Frau immer schuldig zu halten. Die Frau als personifizierte Sünde und der Mann als ihr Opfer! Das hat die Männerkirche seit der Antike tatsächlich geglaubt und gelehrt. Auch wenn dieser Ungeist der weiblichen Seelenlosigkeit nicht mehr offen ausgesprochen wird, scheint er aber wohl noch im Unterbewusstsein vieler Oberhirten vorhanden zu sein. Den gläubigen Frauen ist das offensichtlich nicht bewusst oder sie verdrängen es – ansonsten würden sie trotz ihrer ungeheuren Diskriminierung nicht gleichzeitig zu den glühendsten Verehrern dieser ältesten Altmännerriege der Welt gehören. Welch Paradoxie!

Seele und Psyche aus heutiger Sicht

In neuerer Zeit bestreiten etliche evangelische Theologen die traditionelle katholisch-mittelalterliche Seelenlehre. Sie lehnen die Seele als eigenständige Substanz ab, folglich auch ihre Trennbarkeit vom Leib.

Daraus ergibt sich, dass die Seele nicht unsterblich sein kann, das heißt, Seele und Körper sterben wegen ihrer unauflöslichen Einheit zusammen. Wenn schon Auferstehung, dann ist die Auferstehung am jüngsten Tage also eine Auferstehung des ganzen Menschen, also mit Leib und Seele. Diese als Ganztod-Theorie bezeichnete Denkweise hat inzwischen auch auf katholischer Seite ihre Anhänger gefunden, die ebenso der Meinung sind, dass der Mensch als Leib-Seele-Einheit auch als Ganzes sterben müsse. Aus der obigen kulturgeschichtlichen Abhandlung haben wir je nach den unterschiedlichen mythischen, religiösen oder philosophischen Lehren die vielfältige Bedeutung des Begriffes Seele erfahren, und die wird sich auch in Zukunft immer mal wieder ändern.

Durch die wachsende Bedeutung der Psychologie im 20. Jahrhundert hat sich der Begriff „Psyche" eingebürgert. Dabei haben wir es mit einer mehr wissenschaftlich orientierten Betrachtung des menschlichen Innenlebens zu tun, während der eher gefühlsbetonte Begriff „Seele" mehr im Religiösen und Umgangssprachlichen verhaftet bleibt. Der altgriechische Begriff Psyche bedeutet ursprünglich „Atem oder Hauch". Im AT heißt es (1. Mose 2,7): „Und Gott der HERR machte den Menschen aus einem Erdenkloß, und blies ihm ein den lebendigen Odem in seine Nase. Und also ward der Mensch eine lebendige Seele." Die ursprüngliche Auffassung in den Kulturen von Seele oder Psyche war Atmen als Zeichen der Belebtheit. Im heutigen Verständnis von Psyche ist ein Gesamtsystem aller Regungen in den Lebewesen gemeint, die man allgemein als Innenleben oder Seelenleben bezeichnet, wobei man in der wissenschaftlichen Psychologie noch eine Aufteilung in Denken und Gefühlsleben, also in einen rationalen und emotionalen Bereich, vornimmt. Im täglichen Sprachgebrauch macht man jedoch weiterhin einen Unterschied zwischen Seele und Psyche, was besonders bei bekannten Redewendungen deutlich wird. So sagt man eher „Er gab sich hin mit ganzer Seele" als „mit ganzer Psyche“. Iphigenie auf Tauris ruft in Goethes gleichnamigen Bühnenstück aus: „Und an dem Ufer steh ich lange Tage, das Land der Griechen mit der Seele suchend.“ Der Begriff Psyche wäre hier sicherlich unpassend. Alle Versuche, die Seele begrifflich festzulegen oder religiös zu dogmatisieren, enden immer in den subjektiven Vorstellungen ihrer Verfasser. Die Frage, ob es neben Körper, Geist und Psyche auch eine Seele gibt, ist also eine Glaubensfrage. Die einen glauben daran, die anderen nicht. Nach heutiger allgemeiner Auffassung versteht man die Seele als Summe aller geistigen, emotionalen sowie psychischen Abläufe eines Individuums, und deshalb wird sie häufig mit Psyche gleichgesetzt.

2 Haben Tiere eine Seele?

Historische Betrachtung

In vielen alten Kulturen glaubte man, dass im jenseitigen Gericht gutes und böses Handeln des Menschen auf die Waagschale gelegt und sein Verhalten gegenüber den Tieren mitgewogen würde. Im Gegensatz zum Christentum galt in der ägyptischen Kultur jede Misshandlung, ja, schon der Verstoß gegen die Achtung der Mitgeschöpfe, als Verfehlung. Die Ethik ging sogar so weit, dass man den Tieren das Recht einräumte, bei Verstoß den Menschen zu verklagen.

Die christliche Lehre bezieht sich allgemein auf die Lehre Platos von der unsterblichen und unabhängig vom Körper existierenden menschlichen Seele. Nach seiner Vorstellung hatten aber auch Tiere eine Seele. Im Gegensatz zum späteren Christentum war für ihn der Unterschied zwischen Tier und Mensch nicht exakt festgelegt, sondern mehr fließend, während die spätere christliche Kirche eine klare Trennung zwischen den „unvernünftigen“ Tieren und der unsterblichen Seele des Ebenbildes Gottes machte. Ob Gott dies auch so gesehen hat? Ich glaube, seine Stellvertreter haben den Tieren die Seele abgesprochen, um sie damit entrechten und nach Gutdünken behandeln zu können. Ein Lebewesen ohne Rechte darf gequält und umgebracht werden, ohne dafür Schuld empfinden zu müssen. Genau so hat man jahrhundertelang über Frauen, Schwarze und indigene Völker gedacht. Diejenigen, die sich auf die christliche Lehre beriefen, behaupteten, dass das Gebot „Du sollst nicht töten“ nicht für Lebewesen gilt, die keine Seele haben. Die Kirche hatte keine Skrupel, Zigtausend Frauen lebendig zu verbrennen, daneben unzählige Andersgläubige sowie die Ureinwohner Südamerikas, von denen nicht einmal zehn Prozent die Christianisierung überlebten. Den Frauen sprach man später eine Seele zu, wenn auch eine niedrigere als der des Mannes. Seit der Aufklärung musste man diese abstrusen Ansichten nach und nach aufgeben. Heute spricht man zumindest den Frauen und den Schwarzen eine Seele zu. Bei den Tieren tut man sich aber immer noch schwer. Mit der Auferstehungslehre stellte die Kirche den Menschen über alle anderen Kreaturen, denen sie spätestens seit dem Mittelalter eine Seele absprach. Und die Kirche „... zerriss auf diese Weise ideologisch das gemeinsame Band des Lebens, das Menschen und Tiere miteinander verbindet; sie machte, wie jede Doktrin, die zu eng ist, um der Wirklichkeit gerecht zu werden, grausam im Umgang mit der Wirklichkeit des Lebens.“[14]

Es gab zu allen Zeiten Völker, die zu den Tieren aufgrund der Seelenverwandtschaft eine tiefe Beziehung hatten, die vor oder nach der Jagd die Tiere um Verzeihung für ihren Tod baten. Da die Seelen aufgrund ihrer Unsterblichkeit nicht mitgetötet werden konnten, hatten die Menschen in manchen Kulturen sogar Angst, die Tierseelen könnten wiederkommen und den Menschen bestrafen. Zudem bevölkerten

---

[14] Drewermann, S. 22

die Tiere bereits Millionen von Jahren diese Erde, noch bevor man überhaupt an den Menschen dachte. Und sie entwickelten zuvor viele von den Fähigkeiten, die uns später durch die Evolution langsam übertragen wurden. All dies sollte man bei der Betrachtung tierischer und menschlicher Eigenschaften, Fähigkeit und Werte nicht vergessen. Wir werden später noch sehen, dass uns manche Tiere in bestimmten Fähigkeiten haushoch überlegen sind. Auch emotional sind sie uns gleich, sie können sich genauso freuen, genauso trauern. Sie erinnern sich an Menschen, die gut zu ihnen waren und gehen denen aus dem Weg, von denen sie schlecht behandelt wurden.

Was Menschen über die Seele denken

Ich habe bei meinen Recherchen vielen bekannten und unbekannten Zeitgenossen die Frage gestellt, ob sie glauben, dass Tiere eine Seele haben. Die Ergebnisse waren aufgrund der nicht ausreichenden Zahl vielleicht nicht repräsentativ, wohl aber interessant. Menschen, die keinen persönlichen Bezug zu Tieren hatten, antworteten je zu einem Drittel mit „Ja", „Weiß nicht" oder „Nein". Wer hingegen eigene Tiere hatte oder sonst einen persönlichen Bezug zu Hund, Katze, Pferd oder Kaninchen pflegte, antwortete in der Regel mit „Ja". Insgesamt glaubten etwa 82 Prozent der von mir Befragten an eine Seele des Tieres. Eine junge Frau auf einer Autobahnraststätte mit einem Beagle an der Leine schien zunächst leicht empört über eine solche Frage, meinte dann aber sehr freundlich: „Na, schauen Sie dem doch mal in die Augen, dann wissen Sie es." Ich machte ihr klar, dass ich das gar nicht brauche, da ich selber zwei Hunde hätte, mich aber bei einer solchen Umfrage neutral verhalten müsse. Wir haben uns dann noch zu einem Kaffee hingesetzt und uns sehr angeregt über Tiere, Seele und mein Buchprojekt unterhalten.

Der Autor Giriraja Gopal Dasa aus San Diego, Kalifornien, ist Co-Publizist der amerikanischen Zeitung „16Rounds" und schreibt über einen perfekt sowie mit hoher Geschwindigkeit Skateboard fahrenden Hund, der sogar durch Gewichtsverlagerung elegant die Kurven meistert: „Er ist ein erstaunliches Tier, und ihr könnt sehen, wie sehr er es liebt, Skateboard zu fahren. Ja, er genießt es richtig und möchte am liebsten gar nicht mehr aufhören und stundenlang weiterfahren!"[15] Unter der unten angegebenen Quelle kann man sich das Ganze als Video im Internet ansehen. Dieses Ereignis ist der Aufhänger für die nachfolgende Auseinandersetzung mit dem Begriff „Anima" (= Seele) bei den Tieren. Tiere können Hobbys wie wir Menschen sowie die verschiedensten persönlichen Vorlieben haben und zu allen Ereignissen mit ähnlichen emotionalen Äußerungen reagieren. Der Autor gibt eine Unterhaltung mit ein paar jungen Leuten bei einer Party am Strand von San Diego wieder. Er fragte: „Glaubst du, dass Menschen eine Seele haben?" „Ja, natürlich!" „Glaubst du, dass Hunde eine Seele haben?" „Ja, natürlich!" „Haben Kühe eine Seele?" „Nein." Auf die Frage, wieso Menschen und Hunde eine Seele besitzen, Kühe jedoch nicht, kam die etwas skurrile Antwort: „Kühe können keine Seele haben, weil sie lediglich Methan produzieren und zu gut schmecken." Gott hat die Kühe nur als unsere Nahrung erschaf-

Bild 2: Skateboard fahrender Hund

[15] Siehe Lit.-Verz. Quelle 5 mit Quellenangabe zum Film

fen, sie zu Nutztieren degradiert, meinen viele Gläubige. Das Resümee von Giriraja Gopal Dasa: „Das ist unsere Gesellschaft. Abgestumpft im Geist, scheinheilig, widersprüchlich, philosophisch bankrott, selbstsüchtig, sich seine eigene quasi-ethische Moral zusammendichtend. Und wenn man dann noch die Ignoranz der Religionen in Betracht zieht, wird es richtig cool."[16]

Jedes Lebewesen auf Erden hat die gleichen Rechte auf Selbsterhaltung und ein zufriedenes Leben mit Erfüllung seiner persönlichen Wünsche. Die Sprache sagt viel über Inhalt und Bedeutung von Begriffen wie „Seele". Tier heißt im Englischen animal, das sich vom lateinischen anima = Seele ableitet. Anima ist also das, was einen Körper leben lässt, was ihn beseelt. Umgekehrt ist ein Körper ohne Animation tot. Nach diesem Sprachgebrauch haben also alle Lebewesen eine Seele, die sie am Leben hält und beim Tod mit ihnen stirbt. Alle bisher aufgeführten Fakten lassen den Schluss zu: Wenn man dem Menschen eine Seele zuspricht, dann auch dem Tier, außer, man möchte es aus religiösen Gründen anders haben.

Empathie und Sympathie nur bei Menschen?

Viele Theologen leiten aus der hellenistischen Lehre die behauptete menschliche Überlegenheit aus der alleinigen Fähigkeit des Menschen für Empathie, Antipathie, Sympathie, Moral und andere nur ihm gegebene Fähigkeiten ab. Dies möchte ich einmal genauer unter die Lupe nehmen und auf Richtigkeit überprüfen. Der altgriechische Begriff „empátheia" basiert auf der Wurzel „path-", was so viel wie „leiden, fühlen" bedeutet. Als Empathie bezeichnet man die Fähigkeit, Emotionen, Persönlichkeitsmerkmale, Verhaltenseigenschaften und Gedanken eines anderen Menschen zu erkennen sowie für das eigene

---

[16] Siehe Lit.-Verz. Quelle 5 mit Quellenangabe zum Film

Denken und Handeln richtig einzuordnen. Dazu zählt auch das Eingehen auf die Gefühle des Anderen wie Trauer, Schmerz im Sinne von Mit-Leiden. Grundsätzlich handelt es sich um das Vermögen, die Eigenarten eines Lebewesens erkennen zu können. Diese Fähigkeit ist zwar nicht allen Tieren gegeben, aber auch nicht allen Menschen. So weiß man, dass beispielsweise Psychopathen und Serienmördern jede Empathie als Grundlage für moralisches Verhalten fehlt.

Was die Tiere anbelangt, weiß man inzwischen, „dass Primaten Emotionen ihrer Artgenossen deuten können. Schimpansen leiden mit, wenn sie im Fernsehen Bilder von gequälten Schimpansen sehen. Rhesusaffen, denen man eine Belohnung anbot, wenn sie anderen Rhesusaffen Elektroschocks versetzten, lehnten die Nahrung ab (was bei Menschen keine Selbstverständlichkeit ist)."[17] In einem weiteren Experiment befreiten Ratten leidende eingesperrte Artgenossen, obwohl sie für sich selber keinen Nutzen daraus zogen. „Und sogar, wenn ihnen als Alternative Schokolade angeboten wurde, ließen sie zunächst die andere Ratte frei und teilten danach mit ihr die Süßigkeit: ihr Mitgefühl war noch stärker als die Naschsucht."[18] Wir halten also fest: Empathiefähigkeit ist keine rein menschliche Eigenschaft. Ähnlich verhält es sich mit dem Begriff Sympathie, ebenfalls aus dem altgriechischen sympátheia = Mitgefühl im Sinne von spontan entstehende gefühlsmäßige Zuneigung im Gegenteil zu Abneigung = Antipathie. Empathie und Sympathie sind auch vielen Tieren eigen, wie wir noch sehen werden. Auf die Frage von Raoul Löbbert, wer denn eigentlich sagt, dass Tiere nicht mitmenschlich handeln, gibt er gleich ein Beispiel: „1996 etwa fiel im Brookfield Zoo in Chicago ein dreijähriger Junge in das Gehege des Gorillaweibchens Binti Jua und blieb bewusstlos liegen. Die Gorilladame hob den Jungen auf und

---

[17] DIE ZEIT und ZEIT ONLINE Nr.51/2011 vom 15.12.2011

[18] Ebda

legte ihn vor der Tür ab, durch die ihre Pfleger das Gehege betreten. Seitdem muss Binti Jua als Kronzeugin für die These herhalten, dass die ‚anthropologische Differenz' zwischen Mensch und Tier nur eine menschliche Einbildung ist."[19] Ich werde bei nachfolgenden Themen noch weitere von Empathie und Sympathie geleitete Handlungsweisen von Tieren aufführen, die ich mir auch für viele menschliche Zeitgenossen wünschen würde. Wenn ich mir die Ergebnisse aus wissenschaftlichen Fachbereichen wie Verhaltensforschung, Biologie und Zoologie anschaue, so wird in den letzten Jahren immer deutlicher, über welche erstaunlichen emotionalen sowie gedanklichen Fähigkeiten höhere Tierarten verfügen und dass sie immer wieder sowohl empathisches als auch moralisches Verhalten zeigen. Wenn Theologen jahrhundertelang nur dem Menschen zutrauten, ihr Handeln nach ethisch-moralischen Gesichtspunkten ausrichten und Recht von Unrecht unterscheiden zu können, so sprechen Halter sowie Forscher den Tieren heute diese Fähigkeiten nicht mehr ab und sprechen ihnen deshalb auch ein Bewusstsein sowie eine Seele zu. Je tiefer die Forscher in die tierische Seele eindringen, desto mehr liefern sie Beweise für „menschliche" Umgangsformen wie Hilfsbereitschaft bis zur Selbstaufgabe, Mitleid, Einfühlung, Freundschaft, Gerechtigkeit, Offenheit, Aufrichtigkeit, Treue bis in den Tod und vieles mehr.

Ende August 2005 richtete der Hurrikane Katrina in den südöstlichen Teilen der USA verheerende Schäden an und galt als einer der schlimmsten in der Geschichte der USA. Mehr als 1800 Menschen hatten vergeblich in den Fluten um ihr Überleben gekämpft und ertranken. Die Weltpresse berichtete von einer Flutkatastrophe biblischen Ausmaßes, und man las weniger von gegenseitiger Hilfe, Opferbereitschaft und Selbstlosigkeit als mehr von Einbrüchen, Diebstählen, Schießereien, Vergewaltigungen sowie Plünderungen. Und

[19] Löbbert, Raoul in Christ & Welt, Ausgabe 31/2013

das in den fundamentalchristlich geprägten Südstaaten! Oft stellte man in den Medien die Frage, ob tierisches Verhalten manchmal nicht viel ethischer sei als das menschliche, wenn man in der Presse immer wieder Berichte über das Verhalten von Tieren bei Katastrophen wie Katrina erfuhr. Bei SPIEGEL ONLINE[20] fand ich folgenden Beitrag unter der Überschrift „Die Tiere benehmen sich besser als die Menschen“: „Die Menschen hier lieben ihre Tiere mehr als ihre Mitmenschen – zu Recht“, zitiert die „LA Times“ Steve Dey, der im zerstörten New Orleans auf die Hunde zweier älterer Nachbarn aufpasst, die von den Behörden daran gehindert werden, zurückzukommen. „Das Traurige ist, dass sich die Tiere hier sehr viel besser benehmen als die Menschen. Sie sind erzogen, sie sind nicht brutal.“ Es gab in New Orleans eine schwarze Labradorhündin – ironischerweise mit demselben Namen wie die verheerende Sturmflut: Katrina. Sie rettete einen Mann, der in dem stetig steigenden Wasserspiegel überflutet zu werden und zu ertrinken drohte. Die mutige Hündin war völlig erschöpft und musste später selbst von Rettungskräften in Sicherheit gebracht werden. Man kann nach allen Erfahrungen wohl davon ausgehen, dass Tiere nicht nur eine Seele haben, sondern viele Eigenschaften, die wir uns oft bei unseren Zeitgenossen wünschen würden. Inzwischen ist der von der katholischen und evangelischen Kirche gelehrte Glaube der seelenlosen und unvernünftigen Geschöpfe Gottes zu einer Minderheitenposition geworden.

Können Tiere in den Himmel kommen?

Seitdem Menschen denken können, fragen sie danach: Was und wo ist der Himmel? Für die meisten entspricht er zunächst einer geographischen Blickrichtung: Himmel oben, Hölle unten, dazwischen der Mensch auf Erden. In Wirklichkeit werden wir die Frage nach dem „Wie“ und „Wo“ nie beantworten können, darum muss jeder nach

[20] Ausgabe 09.09.2005 – 08:48 Uhr

seiner eigenen Vorstellung damit umgehen. Himmel macht nur Sinn, wenn wir an die Auferstehung glauben. Gilt das auch für die Tiere? Können sie auferstehen und in den Himmel kommen? Die Meinungen gehen da je nach religiöser Auffassung weit auseinander. Wenn man der von der Kirche festgelegten Lehre folgt, die man sich in Jahrhunderten ausgedacht und formuliert hat, dann werden wir im Himmel kein einziges Tier vorfinden, auch nicht den seit über 30.000 Jahren treuesten und engsten Lebensbegleiter des Menschen, den Hund. Das christliche Paradies als tierfreie Zone, wie öde und leer! Dafür sind die Gläubigen aber nach theologischer Auffassung in Gesellschaft mit 264 Päpsten, worunter auch Stellvertreter Gottes sind, die nie an Gott geglaubt, die kaum zu beschreibende Verbrechen begangen und ein lust- sowie machtorientiertes Leben auf Kosten der Armen der Gesellschaft geführt haben. Dagegen muss das Leben in Sodom und Gomorrha direkt als harmlos erscheinen. Gott hat auch hier wieder mit zweierlei Maß gemessen, indem er die beiden Lasterstädte im AT durch Feuer und Schwefel zerstörte, den viel schlimmeren Sündenpfuhl Vatikan aber verschonte. Die Historiker sind sich weitgehend darin einig, dass es auf dieser Erde kein einziges Verbrechen gegeben hat, das von Päpsten nicht begangen wurde. Nach kirchlicher Lehre finden wir im Himmel neben den vielen unheiligen Päpsten auch noch andere unangenehme Gestalten: Heilige Kirchenlehrer, die als Schreibtischtäter im Namen des Herrn Folter, Verstümmelung, Scheiterhaufen und Massenmord legalisierten. Sie hatten jedoch den „rechten" Glauben und wurden heiliggesprochen.[21] Wer möchte mit all diesen Gestalten im himmlischen Paradies an einem Tisch sitzen? Welch trostlosen Ort hat die Kirche sich für ihre Gläubigen da nur ausgedacht? Mir tun die Christen leid, die es aufgrund ihrer Erziehung zum „rechten" Glauben nicht anders wissen können. Ich jedenfalls werde diesen Ort im Jenseits meiden, weil ich dort nicht die

[21] Vgl. Sasse S. 74f

finde, die mir im Leben etwas bedeutet und die mein Dasein auf Erden bereichert haben. Nach den Aussagen der heiligen Kirchenlehrer Augustinus und Thomas von Aquin hat nur der Mensch eine unsterbliche Seele, weil er einen direkten Austausch mit Gott hat. Allerdings heißt es im AT (Hiob 12,10) „In Gottes Hand ist die Seele von allem, was lebt.“, oder (Prediger 3,19) „Denn jeder Mensch unterliegt dem Geschick und auch die Tiere unterliegen dem Geschick. (...) Wie diese sterben, so sterben jene. Beide haben ein und denselben Atem. Einen Vorteil des Menschen gegenüber dem Tier gibt es da nicht.“ Tiere können nicht von Grund auf böse sein und über all die negativen Eigenschaften verfügen wie der Mensch. Von daher können sie keine Schuld auf sich laden, sie können nicht sündigen, sie sind ehrlicher, gerechter sowie reiner im Denken und Handeln als der Mensch. Wenn es also jemand verdient hat in den Himmel zu kommen, dann die Tiere.

Viele Theologen (nicht die Amtskirchen und ihre Würdenträger) haben in letzter Zeit die Bedeutung von Tierschutz sowie Tierrecht akzeptiert und bejahen auch die Frage, ob Tiere eine Seele haben. Sie haben sich weitgehend von der Lehre des Thomas von Aquin abgewendet und sprechen den Tieren einen Eigenwert zu, da Mensch und Tier evolutionsbiologisch nicht weit voneinander entfernt seien. Viele Theologen sowie Wissenschaftler aus den Bereichen Biologie und Zoologie sehen die Behauptung, der Mensch sei die Krone der Schöpfung, als verhängnisvollen Irrtum an. Dazu gehört auch Rainer Hagencord, der als katholischer Priester in Münster das erste Institut für Theologische Zoologie leitet und aufgrund seiner Erkenntnisse fast alles auf den Kopf stellt, was die Kirchenvertreter als unumstößliche Wahrheit verbindlich lehrten. „Ich war erstaunt, dass die Theologen die Fakten aus der Verhaltens- und Evolutionsbiologie überhaupt nicht zur Kenntnis nehmen“, wird er in der NZZ (Neue Zürcher Zeitung) zitiert.[22] Und er erklärt weiter, dass die Stellung der Tiere in der Bibel weit mehr den Ansichten der Zoologie entspreche als dem Weltbild vieler Theologen, die den Menschen ins Zentrum stellten und ihn nur als Krone der Schöpfung sähen. Hagencord stellt sich mit seinen evolutionsbiologischen Kenntnissen gerade auch in Bezug auf Tierseele, Erlösung und Auferstehung gegen die offizielle kirchliche Lehre. Er hält die Aussage des katholischen Katechismus in Bezug auf Tierliebe für falsch und fordert Respekt für die belebte Natur. Ähnlich wie Eugen Drewermann, der von der katholischen Kirche geächtete und aller Ämter enthobene Priester sowie Kritiker (Buch: Die Kleriker). Der renommierte Psychoanalytiker musste gehen, weil er öffentlich Ansichten vertrat, die dem Wissen und Denken der Zeit entsprachen, also vernünftig, aber nicht katholisch waren. Man kann als Kleriker zwar im Sinne evolutionsbiologischer Erkenntnisse und bestätigtem heutigen Wissen denken, was man will, sich aber nicht laut in einen Widerspruch zur Lehrmeinung der Kirche äußern, „dann geht es einem an den Priesterkragen". Und zwar mit allen Konsequenzen, die die Kirche zur Verfügung hat. Auch Hagencord spielt mit seinen theologischen, philosophischen und naturwissenschaftlichen Forschungsergebnissen mit dem Feuer. Er betont aber, dass er keine Angst habe, „auch wenn sie das, was ich über Gott und die Kirche gelernt habe, völlig auf den Kopf stellen."[23]

Till-Reimer Stoldt von WELT ONLINE beschäftigt sich in einem Gespräch mit Rainer Hagencord[24], der der Meinung ist, dass die Auferstehung auch den Tieren Heil und Glückseligkeit verheißt. Auf den Einwand von WELT ONLINE, dass Tiere im Neuen Testament doch kaum eine Rolle spielten, meinte Hagencord: „Jesus will die Versöhnung von Mensch und Tier, das Heil schließt alle Geschöpfe ein. Das

[22] „Im Himmel ist Platz für alle", von Matthias Herren in NZZ vom 04.07.2010
[23] Ebda
[24] WELT ONLINE, 04.04.2010

passt auch zum Schöpfungsbericht. Dort wird der Mensch aufgefordert, über die Tiere zu ‚herrschen'. Das hebräische Wort dafür bedeutet, wie ein guter König für seine Schutzbefohlenen zu sorgen." Auf die Frage, ob sich Hagencord für Tiere eine Erlösung wünscht, gibt er eine für die meisten Menschen wohl akzeptable Antwort, nämlich, dass Tiere nicht erlösungsbedürftig seien, da sie Gut und Böse nicht unterscheiden und damit keine Schuld auf sich laden können. Auf den Einwand von Stoldt, dass Tiere manchmal extrem grausam wirken, wenn sie andere jagen und fressen, kommt die wohl einzig richtige Antwort: „Tiere handeln nicht bewusst sadistisch – so etwas bleibt dem Menschen vorbehalten." Ich würde noch ergänzen, dass menschliche Bestialität viel grausamer ist, wenn wir die Berichte über staatlich geduldete und geförderte Tierquälerei lesen. Hagencord ist der Auffassung, dass auch die Tiere eines Tages auferstehen und ins Paradies heimkehren. Auf die Frage, woher er diese Zuversicht nimmt, sagt er: „Stellen Sie sich den umgekehrten Fall vor, dass nur der Mensch auferstehen sollte, wie viele Christen glauben. Dann stellt sich die Frage: welcher Mensch? Nur der homo sapiens, der homo erectus aber nicht? Und was ist mit dem homo rudolfensis? Das ergibt keinen Sinn. Wenn ich an einen liebevollen Gott glaube, was ja die Ausgangsthese aller Christen ist, sollte ich ihm zutrauen, allen Lebewesen ewiges Leben zu schenken."[25]

Die Meinung der deutschen Bischöfe

Unter der Überschrift „Die Mitschuld der Kirche am Tierleid" wurde auf der Internetseite postswitch.de am 25.04.2012 folgende Anfrage an 27 deutsche Bischöfe wiedergegeben, die sich auf die Behauptung von Kirchenlehrern und anderen hochrangigen Kirchenvertretern bezieht, dass Tiere weder Geist noch Seele noch Gefühle haben. Der Brief an

---

[25] Stoldt, Till-Reimer im Gesprächg mit Rainer Hagencord in WELT ONLINE, 04.04.2010

die Bischöfe endet mit der Frage: „Wenn die Tiere keine Seele haben, wie kann man dann beweisen, dass Menschen wie Sie und ich, also auch Bischöfe, eine Seele haben?" Die Antwort der Bischöfe wurde unter anderem auch auf der Internetseite von Hubert Hubwenzl (Politik, Gesellschaft, Tierschutz, Religionskritik) am 26.11.2010 unter der Überschrift „Haben Tiere eine Seele?" veröffentlicht.[26] Hier zusammengefasst die Antworten:

Der Bischof von Eichstätt, Dr. Walter Mixa: „Eine Seele besitzt allein der Mensch, diese verleiht ihm seine Würde, die ihn über alle anderen Geschöpfe erhebt." Der Bischof von Fulda, Heinz J. Algermissen, antwortet: „In der Sprache der Theologie des Christlichen Glaubens wird in der Tat der Begriff ‚Seele' einzig und allein dem Menschen zuerkannt." Der Bischof von Regensburg, Bischöfl. Sekretariat, Dr. Chr. Schaller: „Das weite begriffliche Feld ‚Seele' hat also mit der bewusst wahrgenommenen Beziehung des Menschen mit Gott zu tun. Geistig, mit seiner Vernunft und seinem Verstand, über Gott nachzudenken. Sich selbst als ein Geschöpf zu erkennen. (...) Zu alledem ist ein Tier nicht in der Lage." Erzbistum Köln, Stabsstelle Glaubensfragen, Dr. Raimund Lülsdorff: „Im Gegensatz zum Tier verfügt der Mensch über eine Geistseele, die ihn dazu befähigt, bewusst, abstrakt und zielgeleitet zu handeln. Dieses (Selbst-)Bewusstsein des Menschen befähigt ihn letztlich auch dazu, zu Gott aufzuschauen und ihn anzubeten – ein religiöses Verhalten, das man bei Tieren nun wirklich nicht antreffen kann." Diesen Bischöfen empfehle ich, doch einmal die Bibel zu lesen: (Spr. 12, 10) „Der Gerechte kennt die Seele seiner Tiere". Dann gibt das Erzbistum Köln eine in vielen Tageszeitungen und Gazetten abgedruckte Geschichte wieder, die diese kirchliche Ansicht verstärken soll, aber bei denkenden Menschen eher zum Gegenteil führt, und die ich hier zusammengestellt aus verschiedenen Veröffentlichungen

---

[26] Siehe Lit.-Verz. Quelle 4

wiedergebe: Ein Mann mit einem kleinen Hund auf dem Arm geht die Stufen zum Kölner Dom hinauf und schaut durch das Portal in den Dom. Schon ist ein Kirchenschweizer neben ihm und erklärt, dass er mit dem Hund nicht hineindürfe, worauf der Mann fragte, wieso nicht, auch der Hund sei ein Geschöpf Gottes. „Ja, das schon, aber er hat keine Seele." „Mein Hund hat aber eine Seele", entgegnete der Mann. Dann solle er es beweisen, meinte der Kirchenschweizer. „Wenn Ihr Hund ein Vaterunser beten kann, dann darf er eintreten!" Im Urlaub wurde ich einmal mit meiner damals noch kleinen Katjuscha auf dem Arm aus einer völlig leeren evangelischen Kirche verwiesen, mit ähnlicher Begründung der Seelenlosigkeit des Tieres. Seitdem verzichte ich zugunsten von Katjuscha auf weitere Kirchenbesichtigungen.

3 Die Bibel und die Tiere

A Das Alte Testament, mörderisch und grausam

Rechtfertigung und gleichzeitig Verbot zur Tiertötung

Im AT heißt es (Gen 1,28): „Macht euch die Erde untertan und herrschet über die Fische im Meer und die Vögel des Himmels, über das Vieh und alle Tiere, die auf Erden sich regen." Diese oft zitierte religiöse Begründung für die Herrschaft über die Schöpfung wurde immer wieder als Freibrief für menschliche Willkür gegenüber den Tieren benutzt und schließlich auch dafür, dass Tiere als seelenlose Wesen misshandelt werden dürfen. Wie widersprüchlich aber die Aussagen in der Bibel grundsätzlich sind, wie viele entgegengesetzte Aussagen Gottes wir an anderer Stelle vorfinden, wissen nur diejenigen, die die Bibel ernsthaft gelesen haben – und zwar ganz! Deshalb möchte ich zunächst einmal ein paar Informationen zu diesem Mammutwerk geben: Es handelt sich allein beim AT um eine Sammlungszusammenstellung aus 41 Büchern, die entgegen kirchlicher Behauptung nicht von Gott verfasst und durch den Heiligen Geist inspiriert wurde. Stattdessen wurde sie von unzähligen Autoren im arabisch-jüdischen Raum in unterschiedlichen Jahrhunderten seit der Bronzezeit geschrieben, abgeschrieben, aus alten Mythen neu zusammengestellt oder einfach ausgedacht. Nicht einmal jeder 1000. Christ hat das AT gelesen. Ich kenne einige, die es versucht, die „Heilige Schrift" aber nach den ersten paar Hundert Seiten weggelegt haben, da sie die Grausamkeiten und Ekligkeiten des Abschlachtens von Tier und Mensch kaum ertragen konnten.

Mir ist es ebenfalls nicht leichtgefallen, und der Leser wird mir zustimmen, wenn er nachfolgend einiges daraus erfährt. Zunächst einmal sagt Gott in der Schöpfungsgeschichte nicht, dass man Tiere schlachten und anschließend opfern oder essen soll, sondern erklärt in Genesis (1,29): „Sehet da, ich habe euch gegeben alle Pflanzen, die Samen bringen, auf der ganzen Erde, und alle Bäume mit Früchten, die Samen bringen, zu eurer Speise." Nach der Sintflut sagt Gott aber zu Noah (1. Mose 9,3): „Alles, was sich regt und lebt, das sei eure Speise ..." Hier erlaubt Gott nicht nur, dass man Tiere essen soll, sondern erklärt Mose sogar ganz detailliert, welche sein Volk essen soll und welche nicht (3. Mose 11,2-8): „Das sind die Tiere, die ihr essen sollt unter allen Tieren auf Erden. Alles, was die Klauen spaltet und wiederkäut unter den Tieren, das sollt ihr essen. Was aber wiederkäut und hat Klauen und spaltet sie doch nicht, wie das Kamel, das ist euch unrein, und ihr sollt's nicht essen. Die Kaninchen wiederkäuen wohl, aber sie spalten die Klauen nicht; darum sind sie unrein ... Und ein Schwein spaltet wohl die Klauen, aber es wiederkäut nicht; darum soll's euch unrein sein. Von diesem Fleisch sollt ihr nicht essen." Die dabei aufgeführten biologischen Irrtümer dürften Gott als Schöpfer der Kreatur eigentlich nicht passieren. Sie sind absurd-witzig, wenn unter den Vögeln, die nicht der Speise dienen dürfen, auch Fledermäuse (= Säugetiere) genannt werden oder wenn der Verzehr von Tieren verboten wird, die es gar nicht gibt: „Auch alles kleine Getier, das Flügel hat und auf vier Beinen geht, soll euch ein Gräuel sein.“ Aber es kommt noch skurriler (5. Mose 14,7): „Das sollt ihr aber nicht essen von dem, das wiederkäut, und von dem, das die Klauen spaltet: das Kamel, der Hase und Kaninchen, die wiederkäuen und doch ihre Klauen nicht spalten, sollen euch unrein sein.“ Hier liegt Gott gleich doppelt falsch, denn der Hase hat keine Klauen und ist ferner kein Wiederkäuer. Die Bibelgläubigen, die keine Fehler in der Bibel zulassen wollen, da Gott sich nicht irren kann, bleiben beim Hasen als Wiederkäuer. Er hat zwar eine etwas außergewöhnliche Art der Verdauung, indem er das, was er ausgeschieden hat, noch einmal frisst, um die zellulosereiche Nahrung beim zweiten Mal besser zu verwerten. Trotzdem hat er keinen mehrteiligen Magen und zählt wissenschaftlich nicht zu den Wiederkäuern. Er gehört zoologisch gesehen in eine andere Säugetierordnung. Aber ist es wirklich so, dass Gott so wenig Ahnung von seiner eigenen Schöpfung hat und ihm so viele Fehler unterlaufen? Oder haben wir hier wieder einen Beweis dafür, dass es sich um Worte von Menschen mit fehlenden erdgeschichtlichen und biologischen Grundkenntnissen handelt? Wenn wir dann die vielen anderen Fehler in den Büchern des ATs hinzunehmen, kann es sich entgegen kirchlicher Behauptung nicht um das direkte Wort Gottes handeln, sondern um das Ergebnis menschlicher Phantasie – sonst müsste man Zweifel an der Allwissenheit Gottes anmelden. In einem anderen Kapitel sollen dem Menschen Früchte und Samen als Speise dienen, es nützt deshalb den Vegetariern als Argument für ihre Überzeugung. Sie werden es allerdings schwer haben, da die überwiegende Zahl der Aussagen zu den Speisegesetzen etwa so lauten (5. Mose 12,20): „Wenn aber der HERR, dein Gott, deine Grenze erweitern wird, wie er dir verheißen hat, und du sprichst: Ich will Fleisch essen, weil deine Seele Fleisch zu essen gelüstet, so iss Fleisch nach aller Lust deiner Seele." Bei all den vielen negativen Verhaltensmustern den Tieren gegenüber finden wir aber auch diesen Satz (Sprüche 12, 10): „Der Gerechte erbarmt sich der Tiere; denn nur das Herz der Gottlosen ist den Tieren gegenüber unbarmherzig." Auch im Talmud, eines der bedeutendsten Schriftwerke des Judentums, hat das Tier seinen Stellenwert, wenn es heißt: „Der Mensch darf nicht essen, bevor er das Vieh gefüttert hat." Ebenso gab es auch im weltlichen Bereich tierfreundliche Vorschriften wie den Codex des babylonischen Königs Hammurabi ca. 1800 v. Chr. Darin werden Viehhalter bestraft, wenn sie die Tiere zu schwer arbeiten lassen. Allerdings spielen Leben, Leid und Tod der Tiere beim Gott des ATs kaum eine Rolle. Jesaja rühmt immer wieder blutige Opfergaben, war also mit Sicherheit kein Freund des Tierschutzes (Jes 34,6): „Des Herrn Schwert ist voll Blut und trieft von Fett, vom Blut der Lämmer und Böcke, vom Nierenfett der Widder. Denn der Herr hält ein Schlachten in Bozra und ein großes Opfer im Lande Edom." Soweit die Worte der Heiligen Schrift.

Und um die vielen gegensätzlichen Aussagen der Bibel ein letztes Mal deutlich zu machen, noch einmal der Prophet in seiner Vorhersage (Hosea 2,20): „Und ich will zur selben Zeit für sie einen Bund schließen mit den Tieren auf dem Felde, mit den Vögeln unter dem Himmel und mit dem Gewürm des Erdbodens und will Bogen, Schwert und Rüstung im Lande zerbrechen und will sie sicher wohnen lassen." Alle möglichen Interessengruppen durchsuchen für ihre persönliche Weltanschauung die Heilige Schrift nach Argumenten – und alle, so gegensätzlich sie auch sein mögen, werden immer irgendwo fündig. Nach diesen widersprüchlichen Aussagen, die sich trotz des Dogmas der ewigen Unwandelbarkeit und Unveränderbarkeit Gottes noch viele Male vollziehen werden, erfahren wir an anderen Stellen immer weitere Rechtfertigungen für das Töten von Tieren. Wer also will, kann das Abschlachten von Tieren (und Menschen) immer mit Gott rechtfertigen, denn die Bibel ist nach kirchlicher Lehre das direkte Wort Gottes, vom Heiligen Geist inspiriert! Wer aber so argumentiert, müsste der dann nicht bei aller Konsequenz auch das Steinigen untreuer Frauen oder von ungehorsamen Söhnen heute immer noch rechtfertigen und vollziehen? Kann sich jeder aussuchen, was für ihn in der Bibel gilt und was nicht?

Gott im Zwiespalt: Tieropfer

Gott spricht in Bezug auf Tieropfer so (Hosea 6, 6): „Ich habe Lust an der Liebe und nicht am Opfer, an der Erkenntnis Gottes und nicht am Brandopfer.", (Amos 5,22) „Und wenn ihr mir auch Brandopfer und Speisopfer opfert, so habe ich kein Gefallen daran und mag auch eure fetten Dankopfer nicht ansehen.", (Jesaja 1,11) „Was soll mir die Menge eurer Opfer? spricht der HERR. Ich bin satt der Brandopfer von Widdern und des Fetten von den Gemästeten und habe keine Lust zum Blut der Stiere, der Lämmer und Böcke." Seltsam, im gleichen Testament fordert Gott von Moses (4. Moses 28,3f): „Das sind die Opfer, die ihr dem Herrn opfern sollt: jährige Lämmer, die ohne Fehl sind, täglich zwei zum täglichen Brandopfer, ein Lamm des Morgens, das andere gegen Abend." Einerseits sagt Gott, dass er sich für das Leben der Kreatur einsetzt, andererseits verlangt er immer wieder, dass man ihm Tieropfer darbringt und gibt unter anderem im 3. Kapitel Mose kaum zu glaubende Anweisungen für Dank-, Brand-, Speise-, Schuld- und Sündopfer in allen Einzelheiten mit nahezu 10.000 Wörtern.

Hier nur ein kleiner Ausschnitt (3. Mose 2-13): „Welcher unter euch dem HERRN ein Opfer tun will, der tue es von dem Vieh, von Rindern und Schafen. Will er ein Brandopfer tun von Rindern, so opfere er ein Männlein, das ohne Fehl sei, vor der Tür der Hütte des Stifts, dass es dem HERRN angenehm sei von ihm und lege seine Hand auf des Brandopfers Haupt, so wird es angenehm sein und ihn versöhnen.

Und er soll das junge Rind schlachten vor dem HERRN; und die Priester, Aarons Söhne, sollen das Blut herzubringen und auf den Altar umhersprengen, der vor der Tür der Hütte des Stifts ist. Und man soll dem Brandopfer die Haut abziehen, und es soll in Stücke zerhauen werden; und die Söhne Aarons, des Priesters, sollen ein Feuer auf dem Altar machen und Holz oben darauflegen und sollen die Stücke, den Kopf und das Fett auf das Holz legen, das auf dem Feuer auf dem Altar liegt. Das Eingeweide aber und die Schenkel soll man mit Wasser waschen, und der Priester soll das alles anzünden auf dem Altar zum Brandopfer. Das ist ein Feuer zum süßen Geruch dem HERRN. Will er aber von Schafen oder Ziegen ein Brandopfer tun, so opfere er ein Männlein, das ohne Fehl sei. Und soll es schlachten zur Seite des Altars gegen Mitternacht vor dem HERRN. Und die Priester, Aarons Söhne, sollen sein Blut auf den Altar umhersprengen. Und man soll es in Stücke zerhauen, und der Priester soll sie samt dem Kopf und dem Fett auf das Holz und Feuer, das auf dem Altar ist, legen. (...) Das ist ein Feuer zum süßen Geruch dem HERRN." Da gäbe es doch wohl Hunderte von anderen Möglichkeiten, Gott seine Zuneigung zu zeigen, anstatt ausschließlich durch verbrannte Tiere. Die Hartherzigkeiten und Grausamkeiten Gottes, Tiere und Menschen gleichermaßen zu quälen, nehmen kein Ende und ziehen sich über Hunderte von Seiten durch die Bibel.

Dass Gott gebratenes Fleisch mehr liebt als Samen und Früchte des Feldes, wird schon direkt nach dem Sündenfall deutlich, als Kain als erster Sohn von Adam und Eva sowie sein Bruder Abel Gott ein Opfer bringen. Kain ist Bauer und opfert die Früchte des Feldes. Abel ist Hirte und opfert die männliche Erstgeburt eines Tieres aus der Herde, und beide zeigen damit Gott ihre Zuneigung. Gott gefiel das Früchte-Opfer jedoch nicht, denn er zog den angenehmen Duft verbrannten Fleisches vor (1. Mose 4,5): „Und der Herr sah gnädig an Abel und sein Opfer, aber Kain und sein Opfer sah er nicht gnädig an." Damit säte er die erste Zwietracht unter den Menschen. Kain erschlug seinen Bruder und wurde damit zum ersten Mörder der (biblischen) Geschichte. Insgesamt erkennen wir in beiden Testamenten zu viele Widersprüche. Wie soll man damit umgehen, wenn ein „wahres Wort Gottes“ das Gegenteil darstellt von einem anderen „wahren Wort Gottes“? Wenn Gott an der einen Stelle Tieropfer ablehnt, weil er „Lust an der Liebe und nicht am Opfer“ hat und an der anderen Stelle Brandopfer mit allen ekligen Anweisungen des Schlachtens und Zerstückelns fordert? Hat Gott sich geändert oder haben wir es mit zwei oder mehreren Göttern zu tun? Wie kann man sonst die widersprüchlichen Aussagen der Bibel erklären, die sich später durch die Antike und die ganze Kirchengeschichte mit immer neuen gegensätzlichen Aussagen fortsetzen? Dem einfachen Gläubigen sind diese Ungereimtheiten und Widersprüche nicht bewusst. Er vertraut auf das, was ihm gefiltert in Andachten oder Gottesdiensten präsentiert oder in der Schule an inzwischen historisch sowie archäologisch widerlegten biblischen Geschichten immer noch erzählt wird. Er soll glauben, was ihm kirchlich dargereicht wird und sich nicht selber schlau machen. Wer sich danach verhält, verharrt unter Umständen ein Leben lang in antiken Denkstrukturen.

Das 5. Gebot gilt nicht für alle

Gott gibt Mose die Zehn Gebote, worin es heißt: „5. Du sollst nicht töten“ – und fordert ständig zu Hinrichtungen auf. Er geht auch selber mit „gutem“ Beispiel voran (Ex 12/12): „In dieser Nacht gehe ich durch Ägypten und erschlage in Ägypten jeden Erstgeborenen bei Mensch und Vieh.“ Es geht also bei der Missachtung des 5. Gebotes um Tiere, Menschen, ja um ganze Völker, die erobert und vernichtet werden sollen. Dabei fordert Gott, dass neben den Männern immer auch die Frauen, Kinder, Greise, Esel, Rinder und Schafe mit umgebracht werden müssen. Gott beschreibt, (1. Moses 17,11) wie er in seinem Zorn die Völker vernichtet und ihr Blut auf die Erde geschüttet habe. Nach der Schlachtung von Heiden sorgt er dafür, (Jes 34,2-8) „dass der Gestank von ihren Leichnamen aufsteigen wird und die Berge von ihrem Blut fließen ..." Unbändiger Hass zieht sich durch die Heilige Schrift (Psalm 137,9): „Wohl dem, der deine jungen Kinder nimmt und sie am Felsen zerschmettert." und Gott droht noch ekliger (3. Mose 26,28f): „... Ich will euch siebenfältig mehr strafen, ... dass ihr sollt eurer Söhne und Töchter Fleisch essen." Das alles ist ebenso widerlich wie Gottes oben beschriebe Anweisungen, wie die Opfertiere abgestochen, zerstückelt, ihr Blut verspritzt, ihr Genick gebrochen und welche grausamen Rituale sonst noch angewendet werden sollen. Richard Dawkins, bekannter Autor und Evolutionsbiologe, bezeichnet wie andere Historiker und Theologen die Bibel als das grausamste Buch der Weltliteratur. Ich kann mich da nur anschließen und jedem, der meint, über Bibel und Glauben mitreden zu wollen, empfehlen, dieses teilweise blutrünstige Buch einmal komplett zu lesen. Wie wir in dieser Zusammenfassung des ATs gesehen haben, galt Gottes blutiger Strafkatalog für Menschen und Tiere gleichermaßen. Allerdings hatte das Gebot „Du sollst nicht töten" nur innerhalb des auserwählten Volkes Gültigkeit, wie es später nur innerhalb der Kirchengläubigen Bedeutung hatte. Alle, die außerhalb von Dogmen und Kirchengesetzen standen, waren Freiwild. Und was sagt die Kirche zu diesem grausamen Buch? Man kann es kaum glauben: Der Katechismus lehrt (KKK 105): „Die Kirche hält (...) die Bücher sowohl des Alten wie des Neuen Testamentes in ihrer Ganzheit mit allen ihren Teilen für heilig (...), weil sie auf Eingebung des Heiligen Geistes geschrieben wurden und Gott zum Urheber haben." Da frage ich mich, ob die Kirchenfürsten und Dogmatiker das AT jemals gelesen haben und ob ihnen die vielen Widersprüche und Ungereimtheiten auch im NT nicht aufgefallen sind? Der amerikanische Bischof John Shelby Spong, der die beiden Testamente genau studiert hat, sagt: „Wer seine Moral auf der Bibel aufbauen will, hat sie entweder nicht gelesen oder nicht verstanden."

B Das Neue Testament – zwiespältig und widersprüchlich

Jesus als Halbvegetarier

Im Neuen Testament erfahren wir keine grundsätzliche Änderung der Einstellung zu den Tieren, denn auch hier müssen wir mit gegensätzlichen Aussagen und Ansichten leben. Wenn immer wieder behauptet wird, Jesus und die ersten Urchristen hätten vegetarisch gelebt, so finden wir viele Bibelstellen, die ebenso das Gegenteil behaupten. Die gläubigen und überzeugten Vegetarier müssen zur Kenntnis nehmen, dass Jesus Fisch gegessen hat, auch wenn einige gerne argumentieren, Fisch sei kein Fleisch, oder zumindest handle es sich nicht um ein Säugetier. Viele Jünger Jesu waren Fischer, und er ist oft mit ihnen hinausgefahren. Am See von Tiberias fordert Jesus die Jünger auf, die Netze auszuwerfen und Fische zu fangen: (Joh 21,9ff) „Als sie nun ans Land ausstiegen, sehen sie ein Kohlenfeuer liegen und Fisch darauf liegen und Brot. Jesus spricht zu ihnen: Bringt her von den Fischen, die ihr jetzt gefangen habt!" Und Jesus fordert sie auf, mit ihm zu frühstücken.

Wir haben gesehen, dass Gott die Tiere in reine und unreine aufteilt, die man essen bzw. nicht essen darf. Jesus lehnt diese Vorschrift ab, wenn er sagt (Mk 7,19): „Merkt ihr nicht, dass alles, was von außen in den Menschen hineingeht, ihn nicht unrein machen kann? Denn es geht nicht in sein Herz, sondern in den Bauch, und kommt heraus in die Grube." Der Mensch scheidet also unreine Speisen genauso aus wie die reinen. Letztlich ist es dem Organismus somit egal, welche Speisen er verarbeitet. Die Unterscheidung von reinen und unreinen Tieren im NT ist folglich aufgegeben. Es können alle tierischen Speisen gegessen werden, so hat es sich ja auch bis heute durchgesetzt. Und es geht auch nicht nur um Fische, sondern um allerlei Tiere, wenn Gott Petrus auffordert, Tiere anzunehmen, die er in einem Gefäß vom Himmel herablässt (Apg 10,12-15): „Darin waren allerlei vierfüßige Tiere der Erde und wilde Tiere und Gewürm und Vögel des Himmels. Und es sprach eine Stimme zu ihm: Stehe auf, Petrus, schlachte und iss! Petrus aber sprach: O nein, HERR; denn ich habe noch nie etwas Gemeines oder Unreines gegessen. Und die Stimme sprach zum andernmal zu ihm: Was Gott gereinigt hat, das mache du nicht gemein." Dass Jesus kein Vegetarier sein konnte, zeigt auch, weil er neben Fisch auch Lamm gegessen hat (Luk 22,15): „Mich hat herzlich verlangt, dieses Passahlamm mit euch zu essen, ehe ich leide."

Keine Orientierung im Neuen Testament

Die Meinungen waren damals schon konträr, wenn der christliche Schriftsteller Tertullian um das Jahr 200 die Christen in „wahre Christen", die vegetarisch leben, und Fleischesser, die er als „Leiber ohne Seelen" bezeichnete, aufteilt – und alles wurde stets mit Jesus und der Bibel begründet. Kein Wunder, denn auch im Neuen Testament lässt sich jede gesellschaftliche und theologische Meinung herausfiltern. Dabei sind die Gegensätzlichkeiten auch in Bezug auf die Tiere nicht verwunderlich, wenn man bedenkt, unter welchen Machteinflüssen dieses Werk in Jahrhunderten entstanden ist und immer wieder neuen Auffassungen angepasst wurde. Es ist heute nicht mehr festzustellen, wer, wann und wo im NT geschrieben, verändert oder gefälscht hat. Und gerade, was unser Thema der seelenlosen Geschöpfe Gottes anbelangt, waren bereits schon bei der ersten Bibelausgabe (Vulgata) des Hieronymus die Erzählungen von Jesus und den Tieren unterdrückt worden. Wir werden hier deshalb kaum eine Orientierung finden können. Die Bibel bleibt Menschenwerk, und der katholische Diplom-Theologe Moris Hoblaj bezeichnet sie als „das maßgeschneiderte Kleid der Kirche"[27]

---

[27] Hoblai, zitiert nach Potzel (Hrsg.) „Der Theologe", Ausgabe Nr. 14

Urchristliche Vegetarier unchristlich verdammt

Bei Jesus galt das Gebot „Du sollst nicht töten!" auch für die Tiere. Wir kennen die Szene, wie Jesus die Tierhändler aus dem Tempel trieb (Joh 2,14ff): „Und er fand im Tempel sitzen, die da Ochsen, Schafe und Tauben feil hatten, und die Wechsler. Und er machte eine Geißel aus Stricken und trieb sie alle zum Tempel hinaus samt den Schafen und Ochsen und verschüttete den Wechslern das Geld und stieß die Tische um und sprach zu denen, die die Tauben feil hatten: tragt das von dannen und macht nicht meines Vaters Haus zum Kaufhause!" Paulus, der das spätere kirchliche Christentum weitgehend geprägt hat, verteidigte den Fleischkonsum ziemlich rigoros. Als römischer Bürger aß er gerne Fleisch und forderte (1. Kor 10,25): „Alles, was auf dem Fleischmarkt verkauft wird, das esst, und forscht nicht nach, damit ihr das Gewissen nicht beschwert." Paulus will also durch Verhinderung des Nachdenkens das vielleicht doch noch aufkommende schlechte Gewissen unterdrücken. Heute sind wir nicht viel weiter, denn der Markt bestimmt das Handeln, nicht die Moral! Und der Markt weiß genau, wie er sein Produkt mit entsprechenden Wersprüchen an den Verbraucher bringt: „Fleisch ist ein Stück Lebenskraft!" Marie-Luise Holzer-Sprenger ergänzt diesen Werbeslogan: „Fleisch ist ein Stück Lebenskraft, solange es lebt."[28] Paulus machte an vielen Stellen seiner Briefe klar, dass der Christ seine eigene Freiheit hat, sich für oder gegen Fleischkonsum zu entscheiden und er damit nicht mehr dem Gesetz des ATs verpflichtet ist. Der gläubige Vegetarier kann jedenfalls heute in der Bibel genauso seine Rechtfertigung finden wie der Fleischesser. Die Bibel ist ein Werk mit unverbindlichen Aussagen: Was für den einen verboten erscheint, ist für den anderen erlaubt. Jeder kann sich damit auf die Bibel berufen. Mit dem Auftreten von Jesus änderten sich viele Regeln und Gesetze. Nicht nur das Opfern, sondern auch das Jagen galt für die Christengemeinden

[28] Aus: http://schrotundkorn.de/ernaehrung/lesen/sk0208e1.html

der ersten Jahrhunderte als unvereinbar mit ihrem Glauben. Wer Jäger oder Soldat war, wurde aus der Gemeinschaft ausgeschlossen, auch die Taufe wurde ihm verweigert. Daraus kann man ableiten, dass bei den christlichen Urgemeinden die vegetarische Ernährung weitgehend verbreitet war, wie wir auch aus verschiedenen Zeitdokumenten erfahren können. So schreibt der Erzbischof von Konstantinopel, Johannes Chrysostomus (354-407 n. Chr.): „Bei ihnen riecht man nicht den schrecklichen Dunst des Fleischmahles, ... hört man kein Getöse und wüsten Lärm. Sie genießen nur Brot, das sie durch ihre Arbeit gewinnen, und Wasser, das ihnen eine reine Quelle darbietet. Wünschen sie ein üppiges Mahl, so besteht ihre Schwelgerei aus Früchten, und dabei empfinden sie höheren Genuss als an königlichen Tafeln."[29]

Doch diese urchristliche Gemeinschaft sollte sich schon bald ändern, denn der römische Kaiser Konstantin (*ca. 280, †337) kämpfte skrupellos um die Macht im römischen Reich. Und er erkannte, dass ihm die inzwischen schon straffe hierarchische Organisation der Kirche von Nutzen sein konnte. Im Konzil zu Nicäa 325 fasste er die damals unterschiedlichen religiösen Strömungen zu einer einheitlichen kirchlichen Macht zusammen. Die Kirche hatte ohnehin seit der Ausdehnung im römischen Reich das Urchristentum nicht nur weitgehend verlassen. Zusätzlich begann sie, dessen Ideen und Lebensweisen seit dem 4. Jh. regelrecht zu bekämpfen. So beschloss zum Beispiel die Synode von Ancyra (das heutige Ankara) im Jahr 314 im Canon 14, „dass die, die in der Geistlichkeit Priester und Diakonen waren und sich des Fleisches enthielten, es kosten sollten und so, wenn sie wollten, sich selbst besiegten, wenn sie aber Abscheu zeigten, nicht einmal das mit Fleisch vermischte Gemüse zu essen (...) sie aus dem Amte zu entfernen" [30] seien. Generell galten die Urchristen

---

[29] Johannes Chrysostomus (354-407 n. Chr.) Ad populum Antiochenum Homil. 69.
[30] Zitiert nach Skriver, S. 134f

fortan nicht nur als Ketzer[31], sondern vor allem auch als Anarchisten[32] und damit Feinde des Staates. Besonders schlimm ging man nun gegen die Vegetarier vor, indem man ihnen den Prozess machte, sie hinrichtete und später fast ganz ausrottete. Die Kirche hatte sich spätestens seit dem 4. Jh. von Jesus und seiner Lehre entfernt und ihre eigene Religion geschaffen. Vieles, was Jesus ablehnte, ignorierte die Kirche. So geht z.B. aus seinen Reden hervor, dass er keine Kirchen aus Stein wollte, auch keine Stellvertreter Gottes, keine Dogmen und Riten, keine Säuglingstaufe, vor allem auch keine Missachtung der Frau. Die Papstkirche mit der widerlegten Behauptung, Petrus sei der Nachfolger von Jesus und der erste Papst in Rom gewesen, ist nicht Bestandteil des Christentums, sondern der machtpolitischen Ausrichtung der römischen Kirche. Der französische Theologe Alfred Loisy (1857-1940) hat mit seiner Feststellung den Nagel auf den Kopf getroffen: „Jesus verkündete das Reich Gottes, und was kam, war die Kirche." Oder noch deutlicher mit dem Philosophen Friedrich Nietzsche ausgedrückt: „Die Kirche ist genau das, wogegen Jesus gepredigt hat."[33]

Wer die heidnischen Zeremonien und das Streben nach Macht sowie Pracht der Staatskirche ablehnte und mehr den Ideen des Jesus von Nazareth folgte, wurde brutal bekämpft – wie unter anderem der zum Bischof geweihte spanische Theologe Priscillian, der die Kirche im urchristlichen Sinne erneuern wollte. Zuerst wurden etliche seiner Schriften von der römischen Kirche verboten und verbrannt. Und weil

---

[31] Ketzer (griechisch katharoi = die Reinen), meistens Christen, die an der urchristlichen Lehre festhalten und damit nicht mit der römischen Kirche konform sind.

[32] Anarchist = Anhänger einer politischen Idee, die Herrschaft von Menschen über Menschen und jede Art von Hierarchie als Form der Unterdrückung des Individuums ablehnt.

[33] Vgl. die Wandlung des Christentums in Sasses „Die Angst vor der Frohen Botschaft"

er auch noch Vegetarier war, wurde er mit sechs Landsleuten im Jahre 386 n. Chr. in Trier hingerichtet. Er gilt als erster Häretiker des Christentums und als erstes Opfer der Inquisition. Wer den urchristlichen Gemeinden angehörte oder sie unterstützte, wer ihnen half oder ihnen Versammlungshäuser zur Verfügung stellte, wurde rigoros verfolgt, enteignet und durfte von jedem getötet werden, da er für vogelfrei erklärt wurde. Diesen vegetarisch lebenden „Irrlehrern" brachte die Kirche so viel Hass entgegen, dass ihnen zum Beispiel Kaiser Konstantin flüssiges Blei in den Hals schütten ließ, eine Hinrichtungsart, die mit qualvollen Todeskämpfen verbunden war.[34] Die von Konstantin geförderte römische Staatskirche hatte sich schon zu dieser Zeit weitgehend vom Schöpfungsgedanken und von der Lehre Jesu entfernt. Um die urchristlich lebenden Kirchengemeinden besser verfolgen zu können, verhängte Papst Johannes III. 561 n. Chr. 14 bis heute nicht widerrufene Bannflüche gegen alle Vegetarier.

In der 1. Synode von Braga/Portugal wurde festgelegt: „Wenn jemand Fleischspeisen, die Gott den Menschen zum Genuss gegeben hat, für unrein hält und ... auf sie verzichtet, der sei mit dem Bannfluch belegt." Der Hass der römischen Staatskirche ging sogar so weit, dass Menschen, die in die Kirche aufgenommen werden sollten, zuvor eine Verfluchung gegen die Lehre des Jesus von Nazareth und sogar gegen ihn selbst aussprechen mussten. Ihr Bekenntnis lautete: „Ich verfluche die Nazarener, die Sturen, die verneinen, dass das Opfergesetz von Moses gegeben wurde; die sich dem Essen lebender Kreaturen enthalten und die nie Opfer darbieten."[35] Nicht nur fleischlos lebende Priester, sondern alle Vegetarier wurden verfolgt und die meisten hingerichtet. Aber es kam noch schlimmer: Ab dem 11. Jh. ließ die päpstliche Inquisition Menschen foltern und aufhängen, die sich wei-

[34] Siehe Strehlow, S. 51

[35] Ebda

gerten, Tiere umzubringen. Um ihren rechten katholischen Glauben unter Beweis zu stellen, mussten Verdächtige zum Beispiel vor aller Öffentlichkeit ein Tier umbringen oder sie wurden selbst hingerichtet.

Trotz all dieser Verfolgungen lebte ab dem Mittelalter das urchristliche Gedankengut wieder auf: Es entwickelte sich in Frankreich und in südeuropäischen Ländern eine Glaubensgruppe, die sich Katharer nannte, was griechisch katharoi = die Reinen heißt. Ihre Lehre wich von der römischen Kirche insofern ab, als dass sie ein Christentum der Liebe und der Toleranz ohne Dogmatismus und Angst vor Strafen lehrten sowie das 5. Gebot auch für die Tiere gelten ließen. Sie waren davon überzeugt, dass alle Warmblüter eine Seele hätten, die man nicht töten dürfe. Bereits im Jahre 1051 n. Chr. wurden diese „Ketzer" zum Tode verurteilt, weil sie sich weigerten, Hühner umzubringen und zu essen. Als Beweis reichte oft ein blasses Aussehen, was nach kirchlicher Auffassung auf ihre vegetarische Ernährung zurückzuführen war und natürlich völliger Unsinn ist. So landeten viele Vegetarier durch die Inquisition auf dem Scheiterhaufen. Im 13. Jh. wurden zwei gläubige Katharerinnen, Séréna und Agnès de Châteauxverdun, hingerichtet. Man hatte sie des „Irrglaubens" überführt, weil sie es abgelehnt hatten, ein rasch herbeigebrachtes Huhn umzubringen. Ihre Weigerung galt den Schergen als Beweis ihres Unglaubens. Dies ist ein weiterer historisch belegter Fall für die Hinrichtung von Menschen, weil sie das Töten von Tieren verweigerten.[36] Die Kirche entwickelte eine panische Angst vor Menschen, die nach dem ursprünglichen Christentum lebten, da sie es seit Konstantin für ausgerottet geglaubt hatten.

---

[36] siehe Müller, S. 314

4 Studien zur Seelenverwandtschaft am Beispiel Hund

Tierisch-menschliche Sympathie

Sympathie und Antipathie gibt es in der zwischenmenschlichen Beziehung ebenso wie im Verhältnis Mensch zu Tier, Tier zu Mensch und Tier zu Tier, wie ich an nachfolgenden Beispielen zeigen möchte.

Meine Frau und ich haben zu Hause eine kleine Hündin mit Namen Katjuscha. Diesen russischen Namen wählten wir aufgrund der bis vor 100 Jahren noch ausschließlich russischen Rasse Bolonka Zwetna, im 18. Jh. Lieblingshund der Zarin Katharina der Großen. Katjuscha ist eine ganz aparte und schöne junge Hundedame. Sie zeigt eine besondere Zuneigung zu mir als Mann, und mir war sie bei der Auswahl aus einer Gruppe von mehr als zwölf Welpen gleich aufgefallen, obwohl sie sich äußerlich nur geringfügig von den anderen unterschied. Welpen sind in der Regel alle schön, niedlich und kuschelig. Vielleicht war es ihr Blick, der mir auffiel, es soll ja so etwas wie Liebe auf den ersten Blick geben, sowohl von Mensch zu Tier als auch von Tier zu Mensch. Während des Kaffeetrinkens bei der Züchterfamilie saß sie die ganze Zeit auf meinem Schoß und schien nicht das Bedürfnis zu haben, zu ihrem Rudel zurückzuwollen des Kaffeetrinkens bei der Züchterfamilie saß sie die ganze Zeit auf

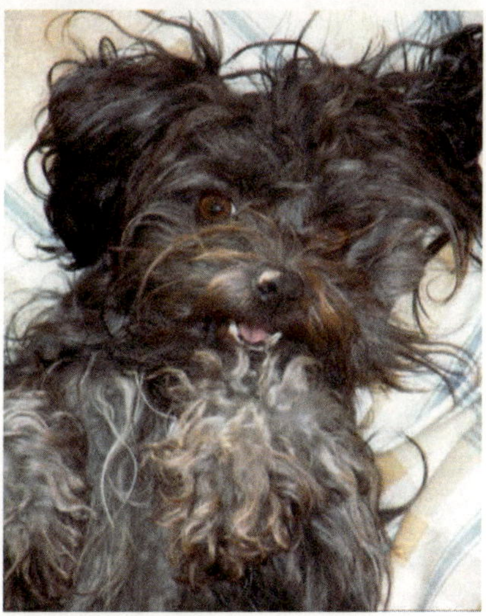

Bild 3: Katjuscha

meinem Schoß und schien nicht das Bedürfnis zu haben, zu ihrem Rudel zurückzuwollen. Also sagte ich irgendwann: „Die oder keine!" Seitdem sind wir ein Herz und eine Seele, und unsere gegenseitige Bindung ist bis heute stetig gewachsen. Sie folgt mir auf Schritt und Tritt, liegt zu meinen Füßen – ob ich im Garten oder am Computer sitze – und zeigt mir durch Mimik sowie Gestik, wenn sie auf meinen Arm möchte oder meint, ein Leckerli verdient zu haben. Sie war von Anfang an Herrchen-Hund, und unsere gegenseitige Zuneigung wird sich nie ändern.

Bild 4: Sascha

Ein halbes Jahr nach Katjuschas Einzug in unser Haus beschlossen meine Frau und ich, noch einen Rüden der gleichen Rasse zu uns zu nehmen. Denn auch der Hund ist nicht gern allein, und ein Spielpartner hatte viele Vorteile – sowohl für Katjuscha als auch für uns, wenn wir mal abends ohne Hund ausgehen wollten. Also saßen wir wieder zum Kaffee bei der Züchterfamilie. Doch dieses Mal lief die Prozedur anders ab. In dem großen Doppelraum gab es zwei abgetrennte Areale mit je zwei neuen Würfen. Die kleinen Türchen standen offen, sodass die Welpen sich frei im ganzen Raum bewegen konnten. Manche kamen, schnupperten an uns und gingen wieder ihrer Beschäftigung nach. Irgendwann kam ein schwarz-weißer, kleiner, tapsiger Rüde, setzte sich zu Füßen meiner Frau und machte keine Anstalten, wieder zu gehen. Als meine Frau zur Toilette musste, ging er mit und blieb vor der Tür sitzen. Auf Schritt und Tritt folgte er ihr und ließ sie nicht mehr aus den Augen.

Der kleine Kerl hat uns die Qual der Wahl einfach abgenommen, indem er seine Sympathie im oben beschriebenen Sinne von spontan entstehender gefühlsmäßiger Zuneigung tatsächlich gezeigt und uns als Rudel ausgewählt hatte. Dieses Mal war *er* derjenige, der die Entscheidung traf, vielleicht ebenfalls nach dem Motto: „Die oder keine!" Er bekam den russischen Namen Sascha, und heute sind wir eine glückliche Hundefamilie. In beiden Fällen können wir sagen, es war Liebe auf den ersten Blick.

Von Antipathie zu Sympathie

Raoul Löbbert berichtet in „Christ & Welt" über das Gegenteil von „Liebe auf den ersten Blick". Mit sechs Jahren sollte er seinen ersten Hund bekommen. Als er mit seinen Eltern beim Züchter war, kamen ihm 13 kleine Cockerspaniel entgegen. Ein Weibchen hatte sich jedoch in einer Kiste versteckt, und ausgerechnet die sollte es sein. „Ich weiß nicht, warum ich ausgerechnet den Hund wollte, der mich nicht leiden konnte. Und dass sie mich nicht leiden konnte, das sollte so bleiben. Den ganzen Tag lag sie in ihrem Körbchen. Kam ich in ihre Nähe, fing sie an zu knurren. Streichelte ich sie, erhob sie sich und trottete davon. (...) All die Dinge, die andere Jungs mit ihren Hunden taten – rumtollen, Stöckchen schmeißen, Bäuchlein kraulen –, waren mit Bianca unmöglich. Dennoch liebte ich sie. Manchmal hasste ich sie auch. Dann wünschte ich mir, dass sie vor ein Auto rennt, was aber nie geschah. Als Bianca krank wurde, bemerkten die anderen Hunde es zuerst. Schon wenn sie sie von Weitem rochen, wollten sie sie in Stücke reißen. Einmal war Bianca ganz verstört. Ein Schäferhund hatte ihr ein Loch ins Ohr gebissen. Sie lag in ihrem Körbchen und zitterte so arg, dass ich sie streichelte. Diesmal knurrte sie nicht. Da bemerkte ich den Knubbel. Zweimal wurde Bianca operiert. Meine Eltern kostete es Geld. Mich kostete es Zeit. Kam ich von der Schule nach Hause, setzte ich mich neben Bianca, streichelte sie und versuchte, ihre Verbände nicht zu berühren. Sie hatte Schmerzen, und ich, der ich sie unters Auto gewünscht hatte, wurde wahnsinnig vor Sorge. Ob Bianca eine Seele hatte, kann ich nicht genau sagen. Aber ich habe meine gespürt, als sie dalag. Und ich habe sie wieder gespürt, als ich mich von Bianca verabschiedete in der Tierarztpraxis. Bianca lag auf dem OP-Tisch, während ich sie umarmte. Bianca zitterte und zitterte. Irgendwann hörte sie dann auf."[37]

Sensibilität und Einfühlungsvermögen

Der französische Philosoph René Descartes (1596-1650) scheint wohl keine Haustiere gehabt zu haben, wenn er Tiere lediglich als „Maschinen aus Fleisch und Blut" ansah, „Automaten ohne Verstand und Vernunft, ohne Geist und Seele". Er hat nie das Gefühl kennengelernt, einen Hund zu haben, der sich freut, wenn man ihm Zeit und Aufmerksamkeit schenkt, der aufjault, wenn man ihm auf die Pfote tritt, der ängstlich unter den Sessel kriecht, wenn es an Silvester draußen knallt, der den Schwanz einzieht und den Kopf senkt, wenn er etwas ausgefressen hat, der vor Freude springt, wenn man sich anzieht, um mit ihm spazieren zu gehen, der bei Traurigkeit von Herrchen oder Frauchen ihnen auf den Schoß hüpft und zärtlich die Hände leckt, der überhaupt sensibel ist für jede Gefühlsregung des Menschen – was man nicht von allen menschlichen Zeitgenossen behaupten kann.

Raoul Löbbert hat in Bezug auf diesen katholischen Philosophen in „Christ & Welt" einige Fragen gestellt: „Bestimmt ging René Descartes ob der Einmaligkeit des Menschen zum Weinen in den Keller. Denn nur dort ist man sicher vor einem Hund, der Traurigkeit wittert und sich auf dem Schoß eines leidenden Menschen zusammenrollen will. Ehrlich, was weiß Descartes denn? Er hatte keinen Hund. Ich schon. Und mein Hund war eine Seele von Hund. Hatte er ergo eine Seele? Werde ich ihn wiedersehen, im Jenseits, falls ich, der Mückenschläch-

[37] Löbbert, Raoul in Christ & Welt, Ausgabe 31/2013

ter, es bis dorthin schaffe?"[38] Was haben Hunde nicht schon alles für ihre Menschenfreunde getan? Um an dieser Stelle nur eine aus meiner riesigen Sammlung von Zeitungsmeldungen wiederzugeben:

> ***Freisen im Saarland:***
> ***Hund rettet Menschen vor Flammen und stirbt***
>
> *„Ein Schäferhund hat seine Heldentat mit dem Leben bezahlt. Laut Polizei bellte der Vierbeiner die beiden Bewohner aus dem brennenden Wohnhaus im Saarland aus dem Schlaf. Die Feuerwehr rettete die beiden über eine Leiter aus dem Dachgeschoss des Gebäudes. Der Hund überlebte nicht."*[39]

Elke Bodderas beschreibt in ihrem Artikel „Superhirne auf vier Pfoten verstehen Sprache" die Fähigkeit von Hunden, nicht nur Wörter zu lernen und abzuspeichern, sondern sich sogar in die Gedankenwelt ihres Herrchens hineinzuversetzen. Verhaltensforscher vom Max-Planck-Institut für Evolutionäre Anthropologie in Leipzig konnten beweisen, „dass Hunde über die Jahrtausende des Zusammenlebens so tief in die Welt des Menschen eingetaucht sind, dass sie diese sogar mit den Augen ihres Herrchens sehen können."[40] Danach deuten sie ihre Besitzer sogar nach einem Muster, was Verhaltensbiologen bisher nur Kindern zugetraut hätten. Man weiß inzwischen, dass Hunde andere Hunde und sogar Menschen auf Bildern erkennen und sich merken können. „Hunde sind Meister in der Deutung des Mienenspiels. All das waren Überraschungsmeldungen aus der jüngsten Verhaltensforschung, die beim besten Freund des Menschen auf eine erstaunlich treffsichere Interpretation der Zweibeiner-Mimik schlie-

---

[38] „Christ & Welt", Ausgabe 31/2013: Haben Tiere eine Seele?
[39] dpa-Meldung bei www.t-online.de/nachrichten, 13.04.2015, 16:03 Uhr
[40] Bodderas, Elke in DIE WELT, Wissen, 02.06.10

ßen lassen. Genau wie wir suchen Hunde in Gesichtern nach Emotionen, sagen die Forscher."[41] und bezeichnen dies mit anderen Versuchsergebnissen als ein Zeichen von Empathie.

Wie genau Hunde in den Minen von Herrchen und Frauchen lesen können, erlebe ich zu Hause jeden Tag und bin immer wieder erstaunt, mit welchen Blicken sie mir zu verstehen geben, dass sie wissen, was ich gerade von ihnen erwarte. Und oft sieht Sascha mich auch fragend an: „Mach ich denn auch alles richtig?" Bestätigt werden solche Blick-Verständigungen immer wieder durch die Forschungsinstitute. So fanden zum Beispiel ebenfalls britische Forscher von der University of Lincoln heraus, dass Hunde ein Gesicht ebenso wie Kinder betrachten. „Sie fixieren zuerst die rechte Gesichtshälfte und damit jene Seite, auf der im Kopf die Emotionen entstehen. Diese mustern sie lange und forschend, um anschließend der Vollständigkeit halber noch rasch die linke zu überfliegen."[42] Ich weiß nicht, wie viele Wörter unsere beiden Bolonkas verstehen, aber es müssen viele sein. Und da auf Begriffe und sogar auf kurze Sätze immer die gleichen Reaktionen folgen, kann man einen Zufall ausschließen. Wir wissen heute aus Forschung und Haltererfahrung, dass Hunde über ein ausgeprägtes Ausdrucksverhalten verfügen, das Verstehen, Stimmungen und Emotionen verdeutlicht. Schon die Neigung seines Kopfes verrät uns, was der Hund gerade versteht, wünscht oder erwartet. Auch wenn er nicht alles perfekt versteht, was ein Mensch spricht, so zeigt er immer die Aufmerksamkeit dafür, wer etwas sagt, was er sagt und wie er es sagt. Viele Tests haben bewiesen, dass Hunde auf Nennung des Namens aus Dutzenden von Spielzeugen aus einem Nebenraum genau das herbeibrachten, was genannt wurde. Das funktionierte bei einer Border-Hündin laut Leipziger Max-Planck-

[41] Ebda

[42] Bodderas, Elke in DIE WELT, Wissen, 02.06.10

Institut sogar dann, nachdem man ihr ein Foto von dem gewünschten Plüschtier gezeigt hatte.[43] An der Emory University in Atlanta USA untersuchen Wissenschaftler das Empathieempfinden von Hunden mithilfe von Magnetresonanztomographie.

Offensichtlich geht gerade von Hunden in Hinblick auf Empathie eine besondere Faszination aus, sonst würden kaum so viele Bücher darüber geschrieben und ernsthafte Forschung dazu betrieben. Jedenfalls weiß man schon so viel, dass es wohl an Ähnlichkeiten im Sozialverhalten liegen muss, wenn Hunde tatsächlich Empathie empfinden. Die Verhaltensforscherin und Hundeexpertin Dorit Feddersen-Petersen glaubt jedenfalls, dass die Empathie zwischen Hund und Mensch darin begründet sei, dass beide in Familienverbänden zusammenleben und an der Fähigkeit der beiden Arten, sich einander anzupassen.[44] Im Laufe der Domestikation hatten die Hunde genügend Zeit zu lernen, sich in ihre neuen Rudelführer, die Menschen, einzufühlen. Zudem hatte die Zucht dazu geführt, dass diverse kognitive Fähigkeiten stärker gefördert worden sind.[45] Es gibt eine im Journal Behavioural Processes veröffentlichte Studie, die emotionales Verhalten und Stimmungsänderungen untersucht. Dabei kam heraus, dass zum Beispiel Hunde mit einem Anstieg des Cortisolspiegels reagieren, wenn sie ein weinendes Baby hören. Bei Cortisol handelt es sich um ein Stresshormon, das abbauende Stoffwechselvorgänge aktiviert, dem Körper energiereiche Verbindungen zur Verfügung stellt und eine dämpfende Wirkung auf das Immunsystem ausübt. Man kann also feststellen, dass Hunde vom Weinen eines Babys emotional berührt werden und damit einen weiteren Beweis für Empathie liefern.

---

[43] Ebda

[44] Bodderas, Elke in DIE WELT, Wissen, 02.06.10

[45] Vgl. DIE WELT: Tierpsychologie, 28.02.2011

Sprachvermögen

Ungarische Verhaltensforscher haben sich für die Äußerungen und Artikulationsarten der Hunde interessiert und entsprechende Computerprogramme entwickelt, mit denen sie 6000 Kläfflaute entschlüsselt haben. Was bei uns Menschen als Wuff oder Wau immer gleich klingt, kann die Software exakt analysieren, wie bei ANIMAL PEACE berichtet wird: „Fremder im Anmarsch, Ballspielen, Kämpfen, Fressen oder Gassi gehen. Die Software kann die Hunde besser verstehen, da sie die Laute besser auseinanderhalten kann. Die Forscher gehen davon aus, dass das differenzierte Bellen bei Hunden mit der Entwicklung der menschlichen Sprache im Zusammenhang steht."[46] Daraus wird die Schlussfolgerung abgeleitet, dass eine so differenzierte Äußerung über Laute wohl ein Ergebnis des Zusammenlebens mit dem Menschen über die Jahrtausende sein müsse. Noch erstaunlicher sind dabei die Studien von Verhaltensforschern in Wien und Budapest mit dem Ergebnis, dass die Hunde die Absichten anderer noch besser verstehen als Menschenaffen. „Hunde ahmen ebenso wie Kinder nicht einfach nach, was sie sehen. Vielmehr wählen sie unter dem Beobachteten aus, was für sie Sinn macht, und imitieren nur diesen Teil einer Aktion."[47]

Intelligenz und Gefühle

Die Kommunikation zwischen Mensch und Tier ist zweifellos beim Hund am weitesten entwickelt. Seine Intelligenz entspricht etwa der eines Kindes zwischen zweieinhalb und drei Jahren, die Anzahl von Wörtern sowie Gesten schwankt zwischen 200 und 300. Das Denk- und Merkvermögen übertrifft nach vielen Untersuchungen von Instituten bei Weitem das, was man Tieren allgemein zugetraut hat. Wissenschaftliche Tests haben gezeigt, dass auch Hunde Gefühle wie

---

[46] ANIMAL PEACE e.V., Website im Literaturverzeichnis

[47] Ebda

Neid oder Eifersucht zeigen können, und unsere Katjuscha ist wieder ein gutes Beispiel. Sie ist von beiden Hunden die Ranghöhere, und es kam schon mehrmals vor, dass sie abends ins Wohnzimmer kam und Sascha bereits auf meiner linken Seite im Fernsehsessel saß. Normalerweise sitzt sie auf der rechten Seite. Da sie aber nicht die erste war, drehte sie sich beleidigt um, verließ den Raum, versteckte sich irgendwo im Haus und schmollte vor sich hin. Rufen und gutes Zureden nützte da nichts. Besonders anstrengend war es für uns, wenn die Terrassentür aufstand und sie sich in unserem großen Garten irgendwo unter einem Buchsbaum versteckte. Rufen und Rascheln mit Leckerlis waren sinnlos, und wir hatten sie auch schon ein paar Mal bis Mitternacht mit Taschenlampen gesucht. Inzwischen ignorieren wir jedoch ihr beleidigtes Verhalten. Irgendwann kommt sie doch zu mir auf den Sessel, auch wenn Sascha dort schon sitzt. Sie ist jedenfalls dabei, solche negativen Gefühle zu überwinden. Von Eifersucht zu Neid ist es nicht weit, und Wissenschaftler haben auch diese Eigenschaft am Beispiel ungerechter Behandlung erforscht. „Bei den Experimenten arbeitete man jeweils mit zwei Hunden, denen man beigebracht hatte, fremden Personen die Pfote zu reichen. Folgten die Tiere den Anweisungen, die Pfote zu geben, bekamen sie als Belohnung entweder eine Wurst oder ein kleines Stück Brot. Die Wissenschaftler untersuchten das Neidempfinden der Tiere, indem sie den einen Hund fütterten, egal, ob dieser seine Aufgabe erfüllt hatte oder nicht, während der andere Hund trotz korrektem Pfötchengeben leer ausging. Dieser beäugte die Futtergabe an den Kontrollhund erst argwöhnisch. Nach einigen Versuchen mit ungerechter Belohnung verweigerte der benachteiligte Hund die Mitarbeit und war offenkundig aufgrund der unfairen Behandlung beleidigt."[48] Astrid Ebenhoch, Journalistin und Gründerin von Hounds & People, beschreibt auf der

---

[48] Range, Friederike, Universität Wien in: ANIMAL PEACE e.V., Website im Literaturverzeichnis

gleichnamigen Website, dass der Wissenschaftler Brian Hare am Max-Planck-Institut für evolutionäre Anthropologie an der Harvard University Cambridge herausfand, dass kein Tier in der Lage ist, den Menschen so gut zu verstehen, wie der Hund. „Durch die Anpassung an den Menschen über Tausende von Jahren änderte sich sogar der Genpool, sodass der Hund bereits mit der Fähigkeit auf die Welt kommt, Gesten des Menschen sofort richtig zu interpretieren und zu verstehen, ohne dieses erlernen zu müssen. Auch können Hunde nicht nur das Denken und die Gesten der Menschen perfekt interpretieren und verstehen, sondern auch ihre Sprache erlernen und besser verstehen, als bisher angenommen."[49] Eines muss man deutlich sagen: Hunde sind keinesfalls nur instinktgesteuert, sondern besitzen durchaus auch eine kreative Intelligenz. Auf einen schlecht gelaunten oder wütenden Halter können sie sich ebenso einstellen wie sie dem Menschen durch oft herzzerreißende Gesten ein fröhliches Lächeln abverlangen. All diese Fähigkeiten machen ihn zum beliebtesten tierischen Lebensbegleiter. Hunde weichen nicht von Herrchens Seite, wenn dieser krank ist und können monatelang trauern, sollte ihr Herrchen gestorben sein.

Soziale Kompetenz

Können Sie sich, lieber Leser, vorstellen, dass Hunde so viel Großzügigkeit gegenüber ihren Artgenossen zeigen, dass sie anderen etwas Gutes tun, ohne selbst davon zu profitieren? Martin Vieweg berichtet in der Dezemberausgabe 2015 der Zeitschrift „natur" über tierisch prosoziales Verhalten: „Hunde schieben Freunden selbstlos Futter zu." Man weiß aus verschiedenen Studien, dass es Tierarten gibt, die hochentwickelte soziale Verhaltensweisen zeigen. Selbstlose Hilfsbereitschaft zeigt sich bei Menschenaffen, „und auch bei Hunden gab es bereits entsprechende Hinweise. Beobachtungen legten dabei nahe,

[49] Ebenhoch, Astrid in „houndsandpeople.com", 08.01.2011

dass sich die Vierbeiner gegenüber dem Menschen uneigennützig verhalten können."[50] Ein Forscherteam um Friederike Range von der Veterinärmedizinischen Universität Wien testete 16 Tiere auf ihre Bereitschaft, fremden oder bekannten Artgenossen etwas Gutes zu tun. In einem Versuchsaufbau hatten die Hunde zuvor gelernt, mit ihrem Maul an einem Seil zu ziehen, um sich ein Tablett mit Futter in ihre Nähe zu ziehen. Um nun Verhaltensweisen wie Uneigennützigkeit oder Selbstlosigkeit im Gegensatz zum Egoismus nachzuweisen, wurde der Versuchsaufbau so geändert, dass das jeweilige Tier sich nicht mehr selbst das Futter oder Leckerli besorgen, sondern nur einem anderen Hund zuschieben konnte. „Der Entscheider-Hund bestimmte bei diesem Szenario also, ob der zweite Hund Zugang zu dem Objekt der Begierde hatte oder nicht. Auf diese Weise konnte er sich als selbstlos hilfsbereit erweisen, erklären die Forscher. Anderen etwas Gutes tun, ohne selbst direkt davon zu profitieren – auch Hunde können solche Großzügigkeit gegenüber Artgenossen zeigen, berichten Forscher. Dieses sogenannte prosoziale Verhalten ist aber offenbar an eine Bedingung geknüpft: Vertrautheit – Fremden schenken Hunde eher nichts."[51] Ist es nicht erstaunlich, dass Hunde sich wohlwollend und selbstlos gegenüber anderen Hunden verhalten?

Überlegene Fähigkeiten

Während der Mensch „nur" fünf Millionen Riechzellen hat, verfügt der Hund über 220 Millionen! Von der damit verbundenen Fähigkeit, Dinge zu erspüren, die dem Menschen verschlossen bleiben, hat der Mensch schon früh Gebrauch gemacht. Während in Urzeiten diese Fertigkeiten vor allem beim Jagen gefragt waren, nutzen wir heute seine Spezialfähigkeiten als Polizei- und Zollhund, als Suchhund bei Verletzten und Verschütteten oder als Blindenhund. Wir können so-

[50] Martin Vieweg in „natur", Ausgabe 17.12.2015

[51] Martin Vieweg in „natur", Ausgabe 17.12.2015

gar seinen Einsatz als Medizinhund bewundern, da nachgewiesen werden konnte, dass die Vierbeiner sogar Krebs erschnüffeln können – und dies inzwischen schon mit einer Trefferquote von 72 Prozent bei Lungenkrebs. Die Fähigkeit dieser Riechexperten geht sogar so weit, dass sie Diabetes erkennen, und bei Epilepsieanfällen warnen Hunde ihre Herrchen, wenn sich der nächste Anfall ankündigt. Mit all diesen Begabungen haben sie sicher schon vielen Menschen das Leben gerettet.

Ob Tiere auch Gedanken von Artgenossen oder Menschen lesen können? Diese Kompetenz haben wir Menschen im Laufe der Evolution erworben, können damit andere als Individuen begreifen und uns eine Vorstellung davon machen, was sie fühlen, wahrnehmen und denken. Sie gilt als Voraussetzung für Lernen, kognitive Fähigkeiten, Denken, Erkennen und Weitergabe von Wissen. Inwieweit soziale Erkenntnismöglichkeiten auch bei höheren Tieren vorhanden sind, haben Wissenschaftler am Max-Planck-Institut für evolutionäre Anthropologie in Leipzig erforscht. Dort wurde beobachtet, „dass auch Schimpansen einige Schlüsselaspekte dieser Fähigkeit, Perspektiven und Absichten anderer wahrzunehmen, vorweisen.“[52] Allerdings müssen wir bei den Primaten auch Einschränkungen erkennen. Durch das Zeigen auf einen Gegenstand und die damit verbundene Nennung seines Namens lernt ein Kleinkind Laute sowie Worte. Der Fingerzeig funktioniert allerdings nicht bei Versuchen mit Affen, wie Studien im Primatenzentrum des Leipziger Zoos mit versteckten Obststückchen gezeigt haben, da „die Affen offenbar nicht verstehen, was ihnen ihr menschlicher Versuchspartner mit der Geste auf einen bestimmten Behälter mitteilen will. Nach diesen Experimenten schien es so, als sei das Deuten kommunikativer Hinweise eine rein menschliche Gabe. Denn wenn schon die ontogenetisch nächste Verwandt-

---

[52] Frenzel: Artikel vom 07.12.2009, Quelle siehe Literaturverzeichnis

schaft des Menschen keine Zeigegesten verstehen kann, wer dann? Die Antwort kam von unverhoffter Seite: „Mein Hund kann das aber", behauptete der damalige Doktorand Brian Hare.[53] Der Hund konnte es tatsächlich, und es stellte sich durch „Object-Choice-Tests" heraus, dass er nicht der Einzige war. Die Versuche liefen so ab, dass zwei umgedrehte Becher vor den Hunden standen, wobei unter jeweils einem ein Leckerli lag. Vorversuche schlossen aus, dass die Hunde die Leckerlis weder riechen noch die Verstecke sehen konnten. Dann zeigte eine menschliche Testperson auf den Becher mit dem Leckerli und der Hund durfte anschließend wählen, welchen von beiden er haben möchte. Brian Hare hatte tatsächlich Recht behalten: Im Gegensatz zu den Primaten, von denen man es sogar eher erwartet hätte, entschieden sich die Hunde nach Fingerzeig in der Regel für den richtigen Becher.

Auch bei vielen vergleichenden Verhaltensstudien erwies sich der Hund mit seinen kognitiven und sozialen Fähigkeiten gegenüber den Primaten als eindeutig überlegen. Eine interessante Frage dabei ist, woher diese Fähigkeiten kommen. Sind sie angeboren, also genetisch bedingt, oder durch die Nähe zum Menschen im Wel-penalter durch Lernprozesse entstanden? Auch hier sollten Objektwahltests mit jungen Welpen die Antwort bringen. Alle Welpen, gleich welcher Altersstufe, wählten auf Fingerzeig den richtigen Becher aus. Damit war klar, dass die Fähigkeit, auf Gesten des Menschen richtig zu reagieren, nicht erst erlernt werden muss, sondern bereits von Geburt an vorhanden ist. „Das wiederum lässt den Schluss zu, dass bei ihrer Entstehung die Jahrtausende lange Domestikation eine entscheidende Rolle gespielt hat."[54] In diesem Zusammenhang ist die Frage interessant,

---

[53] Hare, Brian: MaxPlanckForschung 1/2006, Seite 74 ff, zitiert aus Frenzel: Artikel vom 07.12.2009, Quelle siehe Literaturverzeichnis

[54] Frenzel: Artikel der Max-Planck-Gesellschaft vom 07.12.2009, Quelle siehe Literaturverzeichnis

inwieweit Hunde wirklich wissen, was andere sehen können und was nicht. Die Vierbeiner sind nicht nur gelehrig, sondern gehorchen auch aufs Wort, wenn sie gut erzogen sind. Interessant sind hier erneut die Ausnahmen, die Hundebesitzer im Alltag immer wieder beobachten können. Verbietet Herrchen aufs Sofa zu springen oder sich ein Stückchen Käse vom Tisch zu nehmen, so gilt das solange, wie der Mensch Blickkontakt zu ihm hält. Dreht er sich jedoch um oder verlässt den Raum, wartet Wuffi einen Moment und springt dann auf das Sofa oder holt sich schnell das Stückchen Käse, legt sich hin und spielt die Unschuld vom Lande. Sascha ist ebenfalls ein Musterbeispiel für solche kleinkindhaften Verhaltensweisen. Lege ich ihm ein Leckerli vor die Füße und sage „Nein!", betrachtet er es sehnsuchtsvoll, beherrscht sich aber. Verlasse ich den Raum, komme aber gleich wieder, liegt es noch da. Bleibe ich länger als eine Minute weg, ist es verschwunden, weil er nun sicher ist, dass ich mich anderen Dingen widme. Offensichtlich ist das Verbot an meine Person und meine Anwesenheit gebunden.

Ähnliches spielt sich abends ab. Wie schon erwähnt, sitzen üblicherweise Sascha links und Katjuscha rechts neben mir auf dem Sessel. So gegen 22:00 Uhr bringt meine Frau die beiden in den kleinen Raum nebenan in ihr Schlafkörbchen. Bis zum nächsten Morgen ist Nachtruhe angesagt. Kurze Zeit später geht meine Frau ebenfalls zum Schlafen die Treppe hoch, während ich oft noch weiter meine Sendung schaue. Es dauert etwa zehn Minuten, da drückt Sascha die Wohnzimmertür auf, schleicht sich langsam an meinen Sessel und wartet einen Moment, weil er weiß, dass er gegen die Regel verstößt. Er sieht aber an meinem Blick, dass ich nichts sagen werde und springt zu mir hoch. Er dreht seinen Kopf zu mir und schaut mich mit seinen großen Augen lange an, als wollte er sagen: „Du hast doch nichts dagegen? Wir müssen doch zusammenhalten!" Und immer wieder dreht er seinen Kopf zu mir und schaut mich lange und intensiv an. Ich bin jedes Mal über die Tiefe seines Ausdrucks überrascht. Wer so etwas erlebt hat, kann niemals behaupten, dass hinter solch dankbar strahlenden Augen keine Seele wohnt! Und noch etwas scheint schon fast menschliche Züge aufzuweisen: Sollte meine Frau wider Erwarten noch einmal die Treppe herunterkommen, ist Sascha blitzschnell in seinem Zimmer verschwunden, weil er weiß, dass Frauchen ihn konsequent ins Körbchen schickt. Wenn die Luft rein ist, kommt er oft auch wieder. All diese Verhaltensweisen erinnern mich an meine Kinder, als sie etwa drei Jahre alt waren.

Die evolutionär verankerte Bindung eines Säuglings an seine Bezugsperson ist bei allen höheren Säugetieren vorhanden. Hunde haben ein solches Bindungsverhalten auch gegenüber dem Menschen, wie Wissenschaftler der Universität Wien herausgefunden haben. Deshalb kann auch kein anderes Säugetier unser Verhalten so genau wahrnehmen, deuten und sich situationsbedingt entsprechend verhalten wie der Hund. Ich betrachte es gegenüber diesen tierischen Freunden mit ihrer ausgesprochenen Sensibilität als Schande, wenn Menschen sie zu blind funktionierende Befehlsempfängern, zu gefühllosen, instinktgesteuerten Sklaven dressieren oder besser: abrichten. Aufgrund ihres eigenen mangelnden Selbstbewusstseins glauben sie, hier einmal nach außen hin ihr bisschen Macht demonstrieren zu können. Sie sind nicht in der Lage, ihren Hund als Freund zu betrachten, als Individuum zu respektieren, zu achten und zu lieben. Da weiß ich meine sensiblen und mitfühlenden Vierbeiner doppelt zu schätzen. Trotzdem gehorchen auch sie, denn sie brauchen Ordnung und sind sogar dankbar dafür, da es ihnen Sicherheit gibt und das oben erwähnte Bindungsverhalten stärkt. Interessant sind auch die vielen privaten Berichte über Erlebnisse mit Hunden. So setzte eine unbekannte Verfasserin folgendes Erlebnis ins Internet: „Ich bin von Beruf Hundetrainerin, und deshalb war ich besonders verärgert über meine Hündin. Sie hatte es sich zur Gewohnheit gemacht, frisch aufgehängte

Wäsche von der Leine zu zerren. Logischerweise waren drastische Maßnahmen erforderlich. Ergo hängte ich ein weißes Geschirrtuch an die Wäscheleine und wartete. Jedes Mal, wenn die Hündin es herunterzog, schimpfte ich fürchterlich. Nach zwei Wochen ließ sie das Tuch in Ruhe. So hängte ich unbesorgt meine große Wäsche auf und ging in die Stadt zum Einkaufen. Als ich nach Hause kam, lag die ganze Wäsche über den Rasen verstreut – nur das weiße Geschirrtuch hing ordentlich an der Leine."

5 Seelenloser Umgang mit den Seelenlosen

Monstrositäten als Folge des Modewahnsinns

Gert Haucke, Jahrgang 1929, 2008 gestorben, Schauspieler, Liedersänger und Rundfunksprecher, hat einmal einen interessanten Artikel unter dem Titel „Keiner hört ihre Schreie" geschrieben. Darin klagt er die Menschen als Monster und Ungeheuer an, da sie nicht nur den „Nutztieren" die Hölle auf Erden bereiten, sondern vor allem Hunden und Katzen, für die man sich in einer Mischung aus Profitgier, Selbstdarstellung und Modewahnsinn abartige Monstrositäten ausdenkt. „Die sogenannten Zuchtschauen präsentieren zunehmend teure Krüppel, Invaliden auf Lebenszeit. Weil mit normal gewachsenen, gesunden Hunden offenbar weniger Sensation, weniger Geld zu machen ist, werden todkranke Zwerge und Riesen herausmutiert: Hunde ohne Haare, Hunde, die nur aus Hautfalten bestehen, großvolumige Hunde mit Stummelbeinen und Hunde, deren Haarfülle jede Bewegung zur Qual macht. Große Augen werden züchterisch so vergrößert, dass sie dem Tier bei Erregung aus den Augenhöhlen fallen, kleine Augen so extrem verkleinert, dass die Augenlider nach innen kippen und lebenslang die Hornhaut penetrieren. Ergebnis: wahnsinnige Schmerzen, spätere Blindheit. Man hat riesige Ohren gezüchtet, die am Boden schleifen, normale Ohren abgeschnitten, Krüppelschwänze hergestellt und normal gewachsene amputiert."[55]

Man kann kaum glauben, dass in Deutschland jedes Jahr 120.000 Rassehunde „züchterisch hergestellt" (Haucke), im gleichen Zeitraum aber Zigtausend verbrannt, erschlagen, in Mülltonnen entsorgt oder im Wald zum qualvollen Verhungern angebunden werden, wenn man ihrer überdrüssig ist. Es gibt etwas weniger unmenschliche Hundehalter, die ihre ehemaligen Lieblinge an die Leitplanke der Autobahnraststätte anbinden, weil sie den Urlaub störungsfrei genießen wollen. Die etwas Verantwortungsvolleren geben ihr Haustier wenigstens gleich im Tierheim ab, die inzwischen überquellen. Den Katzen geht es nicht minder schlecht. „Damit sie teure Möbel nicht verkratzen, operiert man ihnen die Krallen heraus. Ein überlanges Fellkleid macht das Jagen unmöglich, die rücksichtslos verkürzten Nasen schaffen schwere Atemprobleme. Es gibt Nacktkatzen und, um als schicker Besitzer aufzufallen, die reinweiße Züchtung: damit verbunden Taub- oder Blindheit, manchmal beides."[56]

Die Seele im Tier-Mensch-Übergangsfeld

Niemand kann wissen, ob es eine Seele gibt. Aber ich denke, wenn es wirklich eine gibt, dann müssen auch Katjuscha und Sascha sowie alle anderen Wuffis, Katinkas und vor allem unsere gequälten Nutztiere eine Seele haben. Entweder wir alle haben eine oder wir alle haben keine, sonst wäre die Schöpfung ungerecht. Wo soll man beim Tier-Mensch-Übergangsfeld oder innerhalb der Tierwelt eine Grenze ziehen? Weder die Biologie noch die Philosophie oder die Religion kann eine endgültige Antwort geben. Auf jeden Fall müssen wir allen Geschöpfen mit angemessener Achtung und Rücksicht begegnen und

---

[55] Haucke, siehe Inh.-Verz. Quelle 12

[56] Haucke, siehe Inh.-Verz. Quelle 12

uns gegen das Quälen der wehrlosen Kreatur auflehnen, sonst wären wir „herzlos" oder für diejenigen, die an eine Seele glauben: „seelenlos". Was sagt die Kirche zum Thema Tierseele und Achtung vor den Geschöpfen Gottes? Wie im Kapitel „Definition der menschlichen Seele" fragen wir auch bei den Tieren zuerst wieder das verbindliche „Kursbuch des Glaubens", den Katechismus. Im Katechismus der Katholischen Kirche lesen wir (KKK 2417): „Gott hat die Tiere unter die Herrschaft des Menschen gestellt, den er nach seinem Bild geschaffen hat. Somit darf man sich der Tiere zur Ernährung und zur Herstellung von Kleidern bedienen. Man darf sie zähmen, um sie dem Menschen bei der Arbeit und in der Freizeit dienstbar zu machen. Medizinische und wissenschaftliche Tierversuche sind in vernünftigen Grenzen sittlich zulässig, weil sie dazu beitragen, menschliches Leben zu heilen und zu retten." Und (KKK 2418) „Auch ist es unwürdig, für sie Geld auszugeben, das in erster Linie menschliche Not lindern sollte. Man darf Tiere gernhaben, soll ihnen aber nicht die Liebe zuwenden, die einzig Menschen gebührt." Im neuen 2010 erschienenen Evangelischen Erwachsenenkatechismus vermissen wir Aussagen über den nicht-menschlichen Teil der Schöpfung. Wir finden weder ein Wort über Massentierhaltung oder grausame Tierversuche noch über qualvolle Tiertransporte, Schlachtmethoden oder Eingriff in die Schöpfung durch Genveränderung. Und das Wenige, dass sich über die Tiere finden lässt, ist eher erschreckend: „Die lutherische Kirche spricht von Tieren als ‚nicht-personale Kreaturen' – und zieht daraus die Rechtfertigung, ihr Lebensrecht zu missachten."[57]

Kirchliche Aussagen zur Tierseele

Auch in einer anderen Hinsicht müssen wir die Erhöhung des Menschen als unsterblich und damit über alle Kreatur herrschend sehen: „Während die Mythen der Völker mithilfe ihrer symbolischen Bilder

[57] Siehe „Freiheit für Tiere", Ausgabe 4/2010

den Menschen in die umgebende Natur einzuordnen versuchen, wird in der christlichen Konzeption die gesamte Welt in die Menschenwelt eingeordnet."[58] Und genau daraus ergeben sich die Probleme, die dieses Buch zum Inhalt hat. „Wenn die Kirche meint, nur der Mensch habe eine Seele und die Tiere nicht, verfällt sie einem Irrtum über die Geschöpfe und das Wesen der Schöpfung."[59] Ein solcher aus theologischer Notwendigkeit entstandener Irrtum wird auch durch seine ständigen Wiederholungen nicht glaubhaft. Nach kirchlicher Lehre haben nur Menschen eine Seele. Was aber ist mit den Menschen, die nicht an Gott glauben? Was ist mit Geisteskranken, mit Behinderten oder sogar mit Klerikern, die nicht oder nicht mehr an den christlichen Gott glauben, worunter sich nicht nur Priester, sondern immer auch Päpste befanden?[60] Haben diese alle keine Seele, sondern nur die Kirchenangehörigen? Wie einfach und für den einfachen Menschen verständlich doch die Kleriker in ihrer sakralen Enge Gott und die Welt erklären können! Und weil der Mensch über der Schöpfung steht und über sie herrschen soll, haben Tiere keine Seele. Das bestimmt die Kirche, und genau so hat sie mehr als 1500 Jahre lang durch ihre Kirchenlehrer auch den Unterschied zwischen Mann und Frau erklärt.

So lange, wie der Klerus gebraucht hat, die Frau zumindest in Bezug auf Seele als gleichwertig zu betrachten, so lange wird er noch brauchen, um anders mit den Tieren umzugehen. So lesen wir im Hirtenbrief des Bischofs von Hildesheim über die seelenlosen Tiere: „Darum haben sie auch keinerlei Würde, auf die sie Rechte bauen könnten. Und in der Tat, Tiere haben keine Rechte."[61] Woher weiß der Bischof das? Haben nicht vielleicht all die Menschen Recht, die in meinen Umfragen zu 82 Prozent davon überzeugt waren, dass Tiere sehr wohl

[58] Drewermann, S. 33

[59] Zitiert nach „Christ & Welt", Ausgabe 31/2013

[60] siehe Sasse: Kap. 4: Das Jahrtausend des Grauens

[61] Fastenhirtenbrief vom 08.03.1949 des Bischofs Josef Machens von Hildesheim

eine Seele haben? Rechnet man meine Umfrageergebnisse hoch, so handelt es sich um ein Millionenheer von Seelengläubigen, die täglich unsere reale Welt erfahren und mitten im Leben stehen, was man von einem innerlich (dogmatisch) und äußerlich (Kirchenmauern) eingeschränkten Bischof eher nicht behaupten kann. Sonst kämen all diese weltfremden und tierverachtenden Statements wohl nicht zustande. Wenn die Tiere nach mehrheitlicher Auffassung der von mir befragten Menschen eine Seele haben, müssten wir dann nicht fragen, ob es gute oder schlechte Tiere gibt, die dann nach dem Tode ebenfalls einer Selektion nach Gut und Böse unterliegen müssten? Für mich gibt es nur gute und schlechte Menschen, auch wenn es vorkommt, dass Tiere „schlecht" im menschlichen Sinne handeln. Meistens liegen die Ursachen hierfür allerdings nicht im Tier selbst begründet, sondern entweder in einer Krankheit (z.B. Tollwut) oder oft auch darin, dass sie durch den Menschen entsprechend gezüchtet oder erzogen (abgerichtet) wurden. Dass bestimmte Hunde laut behördlicher Auflagen mit einem Maulkorb herumlaufen müssen, liegt nicht am aggressiven Hund, sondern am Menschen, der ihn bewusst dazu gemacht hat.

Wir haben weiter oben bereits viele Zitate von großen kirchlichen Persönlichkeiten gehört. Ergänzend dazu wollen wir noch einmal den heiligen Augustinus hören, der sagt, dass man aus den Schreien der Tiere ersehen könne, dass sie qualvoll sterben. Doch das berühre die Menschen nicht, „denn das Tier entbehrt einer vernünftigen Seele und ist deshalb nicht mit uns durch eine gemeinsame Natur verbunden."[62] Keine gemeinsame Natur innerhalb der Schöpfung Gottes? Und wie andere große Kirchenlehrer und Heilige vertritt er die These, dass das Gebot „Du sollst nicht töten" nicht „die unvernünftige Tierwelt" betreffe, deren Leben und Sterben „unserem Nutzen angepasst" werde.[63]

[62] Augustinus: De moribus ecclesiae catholicae 2, 12, 54, 59

[63] Augustinus: De Civitate Dei, I,20

„Auch im Stande der Sünde ist ja der Mensch fürwahr immer noch besser als das Tier."[64] Selbst heute in unserer aufgeklärten Zeit hat sich nichts geändert. Die oben zitierten Aussagen scheinen in klerikalen Kreisen tatsächlich noch Gültigkeit zu haben. Die Verfasser solcher schöpfungsverachtenden Schriften werden auch noch als Vorbilder betrachtet, wenn sich Papst Benedikt XVI. immer noch auf diese Kirchenlehrer beruft, indem er schrieb: „Ich rufe auch die Heiligen an. Ich bin mit Augustinus, mit Bonaventura, mit Thomas von Aquin befreundet. Man sagt dann auch zu solchen Heiligen: ‚Helft mir!'"[65]

Die Kirche hat nie ein gesundes Verhältnis zum Leben der Schöpfung entwickelt, wie wir auch im folgenden Fall sehen: Ein Kind ist völlig verstört, weil der geliebte Hund von einem Auto überfahren wurde und der einzige Trost, den die Eltern ihm geben können, ist, dass das Tier jetzt bestimmt im Himmel sei und es ihm dort gutgehe. Da kommt die Kirche in Gestalt des Kapuziner-Aptes Bruder Paulus in der BILD-Zeitung und zerstört diesen kleinen und einzigen Trost wieder, indem er klar dagegenhält: „Das soll allerdings nicht bedeuten, Dein Liebling ist jetzt bei Gott, sondern: Dein Liebling hat seinen Platz gefunden im Werden und Vergehen der Schöpfung ... Gott hat den Menschen die Welt geschenkt. Eine Welt, in der nur der Mensch lachen, lieben und denken kann."[66]

Ob das dem Kind bei seiner Trauer hilft? Thornton Wilder sagte einmal: „Viele, die ihr ganzes Leben der Liebe widmen, können uns weniger über sie sagen, als ein Kind, das gestern seinen Hund verloren hat." Auch die folgende Aussage von Bruder Paulus passt eher in den Geist des ausgehenden Mittelalters, als in die heutige Zeit: „Tiere haben weder Geist noch Seele. Sie haben keine Gefühle. Sie gehor-

---

[64] Augustinus: Vom ersten katechetischen Unterricht, 2.Teil, 18.Kapitel, Absatz 30

[65] Ratzinger, S. 32

[66] Bruder Paulus in der BILD-Zeitung, 22.02.2003

Bild 5: Mädchen mit ihrem besten Freund

chen, weil sie dressiert worden sind ... Wenn sie Schmerz empfinden, ist das kein Gefühl, sondern eine Körperreaktion."[67] Diese mittelalterliche Denkweise ist wohl nicht auszurotten. Dieser katholische Theologe Bruder Paulus tritt in Fernsehsendungen auf und schreibt unter anderem auch immer wieder über das Verhältnis Mensch-Tier, vor allem in der BILD-Zeitung: „Unter Gefühlen verstehe ich Sympathie, Schuld, Verzeihung, Gewissen, Barmherzigkeit, Liebe. All das kann ein Tier nicht empfinden." Dass Tiere keine Seele haben, begründet Bruder Paulus folgendermaßen: „Seele heißt ‚Nein' sagen können. Und ein Tier kann nicht entscheiden." Einer der häufigsten Bestätigungen, die ich bei meinen Umfragen und Gesprächen erfahren habe,

[67] Bruder Paulus in der BILD-Zeitung, 22.02.2003

lag sinngemäß in dem Satz: „Wer Tieren in die Augen schaut, erkennt ihre Seele." Wie wenig weiß eigentlich dieser Mönch von der Welt, vom Leben der Kreatur, vom Wissen und Denken der Menschen draußen, Menschen, die mitten im Leben stehen? Persönliche Beziehungen zu Tieren hat er anscheinend nicht gehabt, denn seine Äußerungen lassen gerade all die Eigenschaften vermissen, die Tiere zweifellos haben, wie ich an vielen Stellen dieses Buches nachweise: Gefühl, Empathie, Sympathie. Tiere empfinden nicht nur Trauer, Freude, Schmerz, Sehnsucht und Leid wie der Mensch. Sie handeln niemals falsch, verstellen sich nicht, betrügen und lügen nicht, sie sind grundehrlich und geradeaus. Kann man das auch von allen Menschen sagen?

Auf evangelischer Seite rechtfertigt der evangelisch-lutherische Theologe Sebastian Moll das Töten von Tieren folgendermaßen: „Welch eine lebensbejahende Botschaft strömt uns da entgegen! Der Mensch ist von Gott beschenkt und er darf, er soll sich dieser Geschöpfe bedienen. Radikaler Verzicht wird daher als eine tiefe Beleidigung des Schöpfers empfunden."[68] Hat Moll sich das vom Schöpfer bestätigen lassen? Aber er ist noch steigerungsfähig, wenn er nicht einmal ein Tier von einem Stein unterscheidet: „Wie nun allein aus dem Umstand der Geschöpflichkeit der Tiere irgendein besonderer Schutz für sie abgeleitet werden soll, ist nicht ersichtlich ... Auch Steine gehören schließlich zur Schöpfung – haben wir ihnen gegenüber deshalb ebenfalls eine bestimmte Fürsorgepflicht?"[69] Ob Moll jemals die Bibel gelesen hat? Dann wäre er auch auf folgende Aussage gestoßen (Prediger 3, 19): „Es geht dem Menschen wie dem Vieh; wie dies stirbt, so stirbt auch er, und sie haben alle einen Odem [den Odem Gottes], und der Mensch hat nichts voraus vor dem Vieh. Beide haben ein und densel-

---

[68] Moll, S. 39
[69] Moll, S. 30

ben Atem. Einen Vorteil des Menschen gegenüber dem Tier gibt es da nicht." Jedenfalls erkennen wir hier, dass sich die christlichen Kirchen genau immer das aus „Gottes Wort" herauspicken, was sie für ihre Ideologie, oft auch für ihre persönlichen Ansichten benötigen.

Die Politik ist diesbezüglich einige Schritte weiter, wenn Deutschland und Österreich die Rechtsgrundlage des Tieres als bloße Sache in ihrer Gesetzgebung abgeschafft und sie durch besondere Gesetze geschützt haben. Nach § 90a BGB sind sie keine Sache mehr. Sinn einer solchen Regelung im BGB ist es, die Tiere als Mitgeschöpfe zu sehen und wenigstens „gedanklich von den Sachen zu unterscheiden". Durch ein solches Gesetz sollte der Grundgedanke, dass Tiere Mitgeschöpfe des Menschen sind, nun auch im bürgerlichen Recht verankert und vor allem die Gleichstellung von Tieren mit Sachen endgültig beseitigt werden. Doch leider gilt dieses langsam wachsende Verständnis für unsere Mitgeschöpfe nur im weltlichen Bereich. Deshalb möchte ich nach den oben zitierten theologischen Äußerungen abschließend noch ein Beispiel aus katholischen Kreisen anfügen: Der äußerst umstrittene Dominikaner-Pater Basilius (bekannt unter seinem weltlichen Namen Dr. Heinrich Streithofen, †2006), war in gesellschaftlicher, moralischer, politischer und theologischer Hinsicht bekannt für seine äußerst unangenehmen Äußerungen in der Öffentlichkeit. So sagte er in seinem Vortrag „Gesellschaft – Kapital – Moral": „Die Juden und Polen sind die größten Ausbeuter des deutschen Steuerzahlers." Solche und ähnliche Äußerungen brachten ihm Anzeigen wegen Volksverhetzung ein.[70] Streithofen bezeichnete außerdem Bundeskanzler Gerhard Schröder und Außenminister Joschka Fischer zu ihrer Amtszeit als „verkrampfte Laienschauspieler", und über die Grünen-

[70] Benz, S. 119ff und Der Spiegel 04/93, S. 16, ebenso Der Spiegel 14/1993, 05.04.1993

Politikerin Claudia Roth äußerte er, dass sie auf ihn „hochgradig zölibatverstärkend" wirke.[71]

Nach solchen denunzierenden Äußerungen kann man sich fast vorstellen, wie seine Antwort in Bezug auf das Lebensrecht von Tieren auf folgende Frage aussah: „Einige Tierschützer behaupten, die Tiere hätten analog unseren menschlichen Grundrechten auch ein Grundrecht auf Leben. Was halten Sie davon?" Darauf Pater Basilius, alias Dr. Heinrich Streithofen: „Das ist Unsinn! Das ist weder rechtlich noch theologisch noch philosophisch haltbar. [...] Nur der Mensch ist Person. Dem Tier fehlt Personencharakter. [...] In der Hinordnung des Tieres auf den Nutzen des Menschen lässt sich nicht nur seine Verwendung, sondern auch seine Tötung rechtfertigen oder seine Zucht."[72] Hier kann ich nur noch den Spruch des Kirchenhistorikers Karlheinz Deschner anfügen:

„Man kann in dieser Kirche längst nichts mehr retten, sondern nur noch sich und andere vor ihr."[73]

Entsprechend fand ich auf einer Internetplattform den Eintrag einer jungen Frau in Bezug auf das Verhältnis der Kirche zu den Mitgeschöpfen: „Ich hoffe, dass alle, die nun aus der Kirche austreten, auch dies als Begründung angeben. Nämlich, dass ‚unser Gott' alle Lebewesen liebt und wenn ‚deren Gott' das nicht tut, dann haben wir nicht den gleichen Gott!!! Ich werde dies jedenfalls bei meinem Austritt schreiben!!"

---

[71] Vgl. Stern Heft 30 aus 2005

[72] Interwiev der Zeitschrift „Deutsche Geflügelwirtschaft und Schweineproduktion" vom 26.10.1985

[73] Deschner (2), S. 220

Die Gläubigen und ihr Verhältnis zu den Tieren

Im Dezember begegnet uns auf Weihnachtsmärkten und in den Kirchen der Stall von Bethlehem, den es zwar nie gegeben hat[74], der aber mit dem armen Jesuskind seit Jahrhunderten Kinder und Erwachsene gleichermaßen anrührt. Ochs und Esel sowie die kleinen niedlichen Schafe sorgen dafür, dass wir nicht daran denken, dass Rinderschmorbraten, Entenbrust und Gänseschenkel das Fest für Millionen Menschen zur Schlemmerorgie machen. Die meisten Festschmausgenießer könnten es sich durchaus leisten, Fleisch aus artgerechter Tierhaltung oder vom Biometzger zu kaufen. Wäre das nicht ein schöner Vorsatz zum Fest der Liebe, wenigstens Tiere zu essen, die nicht von Geburt bis zum Tode ein Dasein voller Entbehrung, Qual und Freudlosigkeit fristen mussten?

Aber so ist der Mensch: Mit Verdrängung schafft man selbst das schlechte Gewissen weg, wenn es überhaupt vorhanden war. Ostern, beim Fest der Auferstehung, erleben wir die gleiche Prozedur mit den zu Weihnachten noch so liebevoll betrachteten Lämmern. Jetzt erfreuen wir uns an ihnen nicht mehr vor der Krippe, sondern auf dem Teller! Hauptsache billig, um die Massentierhaltung, Massentransporte und Massenschlachtungen sollen sich die Politiker kümmern. „Von einem denkenden Menschen darf man erwarten, dass er sich fragt: Woher stammen die Eier, die ich färbe, woher kommen das Osterlamm und die billige Putenwurst? Haben diese Tiere artgerecht gelebt? Sind sie so schmerzarm wie möglich getötet worden? Das wäre ostergemäßes Konsumverhalten. (...) Fleisch vom Biometzger kostet zwar ein paar Euro mehr, dafür schmeckt es aber auch deutlich besser. Und: Man kann es ohne schlechtes Gewissen genießen. Was unser Fleischkonsum für die Tiere bedeutet – diese Frage, diesen rücksichtsvollen Blick sollten wir uns im Alltag aneignen. Das wäre ein schöner

[74] Vgl. Sasse, Peter: S. 44f

Ostervorsatz."[75] Ich werde diesen Blick etwas rücksichtsloser vollziehen und in weiteren Kapiteln das Leiden der brutal Gequälten so schildern, wie es heute in der Massentierhaltung, den Schlachtfabriken und Tierlabors tatsächlich geschieht. Wer meint, er könne das nicht ertragen, kann die kleiner gedruckten eingerückten Absätze überspringen.

Es gibt noch mehr Feste zum Leidwesen der Tiere. So werden zum Beispiel auf Hubertusmessen im Herbst in ganz Deutschland Jäger, Jagd und die „Strecke" der erschossenen Tiere von Priestern gesegnet. All diese Festlichkeiten zur höheren Ehre Gottes können wohl kaum als christlich im Sinne der Lehre des Jesus von Nazareth bezeichnet werden. Übrigens hat der heilige Hubertus eines Tages bei einer Jagd in den Tieren Christus erkannt und der Jagd von da an entsagt. Er ist also vom Saulus zum Paulus geworden. Insofern sind die Hubertus-Gottesdienste reiner Schwindel, eine bewusste Umkehrung des Anliegens von Hubertus, nämlich die Tiere zu schützen, statt zu jagen, zu töten und anschließend zu segnen. Statt Hubertus zum Schutzpatron der Tiere zu machen, wie er sich das wohl gewünscht hätte, haben die Kirchen ihn zum Patron der Jäger umfunktioniert. Früher war die Jagd noch fair, da Tiere eine Chance zum Verstecken oder zur Flucht hatten. Heute ist die Jagd zum Lustmord pervertiert, wenn Jäger wind- und wettergeschützt in ihrem Auto sitzen und ausgelegte Babyphones abhören, um die Wildschweine ohne viel Aufwand orten zu können. Als Tierquälerei muss man auch die Lebendfallen bezeichnen, in denen sich in Panik geratene Tiere schwer verletzen, „bis der Fallensteller nach seiner Beute sieht – um sie dann mit dem Knüppel oder durch einen Revolverschuss ‚zu erlösen'."[76] Selbst in Nationalparks nehmen die Jagdbesessenen heute keine Rücksicht, wenn arkti-

---

[75] Hagencord, Rainer in WELT ONLINE, 04.04.2010

[76] Hagencord, Rainer in WELT ONLINE, 04.04.2010

sche Wildgänse Rast von der langen Reise machen, und knallen mitten hinein. 32.000 Wildgänse kommen jedes Jahr bundesweit ums Leben, wobei noch weit mehr mit breit streuendem Schrot aus giftigem Blei nur verletzt werden und oft qualvoll auf ihren Tod warten.

Falsch verstandene Tierliebe

Die Bundesbürger geben im Jahr nach Schätzungen des Zentralverbands Zoologischer Fachbetriebe zwischen vier und fünf Milliarden Euro für ihre Vierbeiner aus. An Weihnachten boomt das Geschäft ganz besonders. Es ist die Zeit der Kuscheltiere, und damit die steigende Zahl der Opfer falsch verstandener Tierliebe – darunter am häufigsten Meerschweinchen, Hamster, Katzen und Hunde. Die Motivation für die Anschaffung lebender Geschenke muss durchaus differenziert betrachtet werden, wie die Biologin Ursula Bauer meint: „Die einen sehen Tiere als Ersatz für Kinder oder Familie und sind der Meinung, Tiere seien die besseren Menschen."[77] Denn sie sind pflegeleicht und bequem, vor allem geben sie keine frechen Widerworte, sie sind dankbar für den Fressnapf und zeigen ihre Freude, wenn ihre Besitzer nach Hause kommen. Der häufigste Fehler ist, dass man Tiere vermenschlicht und sich schon allein daraus eine falsche Behandlung ergibt. Ganz schlimm ist die Sorte Mensch, die zur Aufwertung ihrer Persönlichkeit neben dem Luxusschlitten vor der Tür auch noch ein tierisches Statussymbol braucht und sich exotische Schlangen, Reptilien, geschützte Vögel oder giftige Amazonas-Spinnen in die Wohnung holt. Alle Lebewesen haben ein Bedürfnis, das in den hier geschilderten Fällen nicht erfüllt wird – egal, ob aus Bequemlichkeit, Unwissenheit oder Gleichgültigkeit, sprich: Lieblosigkeit. Man denkt einfach nicht an die Folgen wie Füttern, Fellpflege, Versicherungen, Tierarztkosten und vor allem Zeit!

---

[77] Bauer, Ursula in DIE WELT, 10.03.2011

Haustiere als Wegwerfware

Wie oft sind Tiere nichts anderes als Wegwerfware?! Niedliche Welpen aus osteuropäischen Ländern werden auf Grabbeltischen zu Schnäppchenpreisen angeboten. Und es kommt noch schlimmer, wenn ich folgenden Bericht in unserer Tageszeitung lesen muss:

> *NORDSEE-ZEITUNG*
>
> ***Junge Hunde in Wehdel ausgesetzt***
>
> *Wehdel. Gewissenlose Menschen haben sechs junge Hunde in Wehdel ausgesetzt und bei Eis und Schnee ihrem Schicksal überlassen. Ein Spaziergänger hat sie zufällig am Dienstag, 12. Februar, am Waldrand in Wehdel gefunden. Ein Welpe war bereits tot. Die anderen fünf „Findelkinder" sind zur Zeit im Wittstedter Tyrasyl „Heimatlos" untergebracht. „Die Welpen sind etwa acht Wochen alt und stammen vermutlich nicht aus einem Wurf. Zum Glück wurden sie relativ schnell gefunden und sind wieder putzmunter. Es ist eine Schande, dass Menschen ihre Tiere auf diese Art entsorgen", empört sich Tierheimleiterin Claudia Schröder.*[78]

Diese Welpen wurden bei Eis und Schnee am Waldrand in Wehdel ausgesetzt und ihrem Schicksal überlassen. Foto fp

Bild 6

[78] Ursula Heß (fp). In NORDSEE-ZEITUNG, 15.02.2013, S. 20

Die Werteskala des Lebens

Das große Leiden der Tiere ist zum Teil der Tatsache geschuldet, dass die Kirche ihnen eine Seele abspricht, sie zur Sache herabstuft und damit eine große Mitschuld für das Quälen von Wehrlosen trägt. Der Abs. 2417 des Katechismus stellt für alle am Töten und Experimentieren in Versuchslabors Beteiligten einen Freibrief zum willkürlichen Umgang mit der lebenden Kreatur aus. Wie schnell kann man sein Gewissen beruhigen, wenn Kirchenvertreter, wie oben zitiert, Tieren Gefühle, ja sogar Schmerzen absprechen und diese lediglich als körperliche Reaktion bezeichnen. Zeigt ihr eigener Körper auf Schmerzen etwa keine Reaktion? Die Kirche kann nur in hierarchischen Strukturen denken und sieht die Werteskala des Lebens von oben nach unten: Gott – Mensch – Tier. Sie sieht den Menschen als Krone der Schöpfung, aber über ihm selbstverständlich die geistlichen Würdenträger, hierarchisch ebenfalls sauber geordnet vom Stellvertreter Gottes über zahlreiche Zwischenstufen bis herab zum Dorfpfarrer. Weit unter dem Menschen kommen die Rechtlosen, die Tiere, über die man deshalb frei verfügen kann. Wie wir oben im Katechismus (Nr. 2418) lesen konnten, darf man Tieren „nicht die Liebe zuwenden, die einzig Menschen gebührt", und man darf für sie auch kein Geld ausgeben. Da ich auf Grund persönlicher Erfahrungen mit „Würdenträgern" aus ethischen und moralischen Gründen dieser Kirche nicht mehr angehöre, muss ich mich an solche Regeln nicht halten und kann aus Liebe zu den Tieren dagegen verstoßen. Ich spende regelmäßig Geld für die geschundene Kreatur, damit gequälte Tiere gerettet, kranke, misshandelte und verstoßene Hunde in Rumänien aus den Todeszellen freigekauft werden. Ich unterstütze die Tierschützer, die den Pferden und Kühen, die wegen lebenslanger Überforderung nicht mehr die von ihren Peinigern geforderte Leistung erbringen, ein Gnadenbrot auf entsprechenden Weiden in Freiheit gewähren. Ich freue mich über jedes Tier, dem es durch meinen bescheidenen Beitrag bessergeht als vorher.

Rohlinge von Gottes Gnaden

Die Kleriker, angefangen vom einfachen Priester über Bischöfe und Kardinäle bis zum Papst, haben bis auf wenige Ausnahmen keine Haustiere und deshalb meist wenig Bezug zur tierischen Schöpfung. Ebenso wie sie auch zum tierliebenden Jesus kaum Bezug haben, dessen Lehre sie mit der Aufgabe des Urchristentums und seiner Bekämpfung seit dem 4. Jh. kaum noch gefolgt sind. Ihr Verhältnis zu den Tieren beschränkt sich auf ihren Tod, indem sie sie als Fleischlieferanten nutzen. Grundsätzlich darf der Mensch jedes Tier essen, sofern es artgerecht leben darf und auf schnelle sowie schmerzlose Art getötet wird. Was die Tiere anbelangt, geht die Kirche aber nicht gerade zimperlich mit ihrem Lebensrecht und überhaupt mit ethischmoralischen Ansprüchen um.

Nicht nur die kulinarischen Ansprüche der Oberhirten bis hin zum Papst, sondern auch das Ambiente lässt nicht zu wünschen übrig. Zwei Gardisten aus der päpstlichen Schweizergarde haben ein ungewöhnliches Kochbuch verfasst, das unter dem Motto „Glaube geht durch den Magen" nicht nur einen Blick in die Töpfe der vatikanischen Küche erlaubt, sondern auch Einblicke in den Alltag der päpstlichen Leibwache in ihren historischen Söldneruniformen aus der Renaissance-Zeit gewähren. Hauptautor des Buches ist der Hellebardier David Geisser, der zum Koch in einem Sternerestaurant ausgebildet wurde, bevor er sich zum 25-monatigen Dienst im Vatikan verpflichtete. Besonders interessant und pikant sind dabei die Favoritenmenüs der letzten Päpste. Darunter finden wir: Wachtelragout und gespickter Hase in Rosmarinblütenessig, und besonders verwerflich, wie weiter unten genauer beschrieben: trüffelgefüllte Kapaune. Serviert wird dies alles zwischen Tischdekorationen wie Heiligenfiguren aus Marzipan und Zuckerguss. Hier zumindest ist die Renaissance noch im vollen Gange.

Der Kapaun, gequält für die päpstliche Küche

Aus den vielen zahlreichen Vorwürfen gegenüber den päpstlichen Ansprüchen in Bezug auf leiblichen Genuss möchte ich einen besonderen Fall schildern, den Hubertus Mynarek in seinem Vorwort zum Buch „Papst ohne Heiligenschein" beschreibt. Angesprochen wird hier die Vorliebe von Papst Benedikt XVI. (Ratzinger) für den „Verzehr von Kapaunen, der besonders verwerflich sein soll wegen der grausamen Art der Kastration der zur Beförderung prädestinierten Hähnchen."[79] Ein Kapaun, auch als Kapphahn bezeichnet, wird seit Langem besonders grausam und sehr schmerzvoll kastriert. Empfindliche Leser können den eingerückten Absatz überspringen.

> In der Regel schneidet man ihm im Alter von etwa zwölf Wochen den Bauchraum auf und dreht die dort liegenden Hoden mit einer Zange mit 5 bis 20 Umdrehungen einfach ab. Eine solche Prozedur gibt es nur bei Vögeln, weil bei ihnen die Hoden innerhalb des Bauchraumes sitzen, im Gegensatz zu den Säugetieren, bei denen sich die Hoden außerhalb befinden, damit die Samenzellen nicht überhitzen. Bei ihnen ist deshalb eine Kastration, wie sie z.B. bei Hund und Katze vorgenommen wird, nicht so schwierig und gefährlich wie bei den Hähnen.

Für die normale Hähnchenmasthaltung ist eine Kastration nicht nötig, da sie vor der Geschlechtsreife geschlachtet werden. Sie leben also zu kurz, um Testosteron zu produzieren und geschmacklich ungenießbar zu werden. Anders beim Kapaun, der eine längere Wachstumszeit benötigt und von daher Testosteron, also Geschlechtsgeruch, produzieren würde. Das dadurch notwendige Kapaunisieren vor der Geschlechtsreife ist kompliziert und benötigt Fachwissen. Daher sind solche Tiere dementsprechend teuer und galten seit jeher als Speziali-

---

[79] Corell, Richard/ Koch, Ronald: Vorwort

tät für die Reichen. Angeblich soll diese Tierquälerei nur noch in einigen Ländern erlaubt sein. Was bewirkt nun das Kapaunisieren? Im Gegensatz zum Eber, den man aufgrund seines Geruches nicht essen kann, bevorzugt man als Delikatesse den langsam wachsenden Hahn, der aufgrund seiner Kastration einen besonderen Geschmack, ein gutes Fleisch-Fett-Verhältnis erhält und frei von Testosterongeruch ist. Es gibt inzwischen Zuchtbetriebe, die solche Hähne ins benachbarte Ausland schicken, wo sie mit Chirurgenbesteck von geschultem Personal kastriert werden. Nach einer solchen Operation scharren, krähen und stolzieren sie nicht mehr. Sie sind also nicht mehr sie selbst, sondern ein unnatürliches Wesen, vergewaltigt und zum Genuss für Menschen wie Papst Benedikt degradiert, der in Internet-Foren als Gefühlsrohling bezeichnet wird, wenn er sich in Kenntnis dieser Quälerei an einem solchen Festtagsbraten erfreuen kann.

Aber sollte man Papst Benedikt diese Rohheit wirklich zum persönlichen Vorwurf machen? Er ist schließlich das treu glaubende Kind einer Institution, die über Jahrhunderte gelehrt hat, Tiere hätten keine Seele und damit kein Gefühl. Ist er damit nicht in seiner eigenen Gefühlswelt gefangen? Denn die Folge der Verneinung einer Seele kann aus theologischer Sicht nur sein, dass den Tieren neben dem Gefühl auch das Schmerzempfinden, die Leidensfähigkeit fehlt, wie man seit über 1000 Jahren behauptet, um ihnen damit bedenkenlos alles zufügen zu können. Prof. Hubertus Mynarek fragt in seinem Beitrag „Papst ohne Heiligenschein“: „Hatte nicht schon der junge Theologieprofessor Ratzinger, damals also noch nicht Bischof, Kardinal oder Papst, in seinen Vorlesungen vor seinen Theologiestudenten vollmundig getönt, es könne dem Reh oder Hasen gar nichts Besseres passieren, als geschossen zu werden und auf dem Teller des Menschen zu landen, denn damit erfülle er seine Bestimmung, die der Schöpfergott ihm zugeteilt habe. Es geht eben nichts über ein katholisches Gewissen. Das deckt alle Schuld zu, und wenn es sich wirklich einmal meldet, gibt's ja die Beichte, die einem endgültig alle Skrupel nimmt."[80] Wenn also die Bibel in weiten Teilen so verächtlich mit dem Tierleid umgeht, wenn schon die Kirchenlehrer die Tiere zur Sache degradieren, der Jesuitenschüler Descartes von gefühllosen Maschinen spricht, dann dürfte es Laien wie Päpsten nicht schwerfallen, sich auf so viel Kompetenz zu berufen und das eigene Gewissen mit christlicher Gewissheit gegen das Leid der Tiere zu immunisieren.

Das klerikale Verhältnis zu Gottes Geschöpfen

Der Kapaun ist nur ein Synonym für viele andere Quälereien zum fleischlichen Genuss der Kirchenfürsten. Man muss grundsätzlich einmal ihr Verhältnis zu den Geschöpfen Gottes hinterfragen, und dabei stoßen wir durchaus auf widersprüchliche Auffassungen. Wenn es zum Beispiel um den eigenen Genuss geht, treten die in Sonntagsreden postulierten Forderungen nach Schutz der belebten Natur einschließlich des allgemeinen Umweltschutzes in den Hintergrund. So auch bei der Meldung, dass sich Papst Benedikt Weihnachten 2006 extra ein Reh in Deutschland schießen und dieses per Luftfracht nach Rom bringen ließ. Bei so einem Festschmaus müssen zwangsläufig Leben und Umweltgedanken im Abseits stehenbleiben, von den enormen Kosten einer solchen Gourmet-Küche ganz abgesehen. Doch die haben im Vatikan noch nie eine Rolle gespielt.

[80] Mynarek, S. 4

6 Tierquälerei als religiöses Kulturerbe

A Das Leiden in katholischen und orthodoxen Ländern

Da die Kirche in ihrer tierfeindlichen Haltung seit ihrem Bestehen die Tiere zu einer gefühlslosen Sache erklärt hat, müssen jedes Jahr Millionen Tiere in katholisch-orthodoxen Ländern ihr Leben auf besonders grausame Art lassen. Es dürfte heute allgemein bekannt sein, dass gerade in Süd- und Osteuropa, also in den überwiegend katholisch oder christlich-orthodox geprägten Ländern wie Spanien, Italien, Griechenland, Bulgarien, Ungarn und Rumänien, mit den Geschöpfen Gottes besonders grausam umgegangen wird. Auf einige dieser Länder werde ich noch im Detail eingehen, andere seien hier mit ihren Tierfoltern nachfolgend nur in Kurzform erwähnt. Besonders grausame oder eklige Beispiele werde ich erneut eingerückt und in kleinerer Schrift wiedergeben, damit empfindsame Seelen diese überspringen können. Fangen wir gleich mit den ersten Beispielen an:

> Vor gar nicht allzu langer Zeit hackte man einer Hündin in Bulgarien die Beine mit einer Axt ab, nur so zum Spaß. In Griechenland verbrannte man eine Hündin, während sie ihre Welpen gebar, bei lebendigem Leib. In Irland (kein südliches, aber christliches Land) ist es durchaus üblich, Hunde, die man loswerden will, auf die Bahnschienen zu binden. Drei Beispiele von Hunderttausenden!

Über die Todeszellen in katholisch-orthodoxen Ländern, in denen Millionen Hunde und Katzen jedes Jahr lebendig verbrannt, vergast oder vergiftet werden, werde ich nachfolgend differenziert nach Ländern berichten. Für alle Fälle gilt: Die Kirchen schweigen dazu!

B Spanien – Quälerei als Volksbelustigung

Perverse Leidenschaften wie bei der Heiligen Inquisition

Ich beginne gleich mit dem Land, in dem die Begeisterung für das öffentliche Quälen von Tieren am deutlichsten erkennbar ist: Spanien. Der Leser denkt jetzt vermutlich an die Stierkämpfe, aber es gibt noch Grausameres. In der Kleinstadt Tordesillas findet alljährlich im September eines der widerlichsten religiösen Feste des Landes statt. Dabei wird ein Stier auf ein freies Feld getrieben, wo Dutzende von jubelnden Lanzenträgern nach Herzenslust auf das Tier einstechen dürfen. „Toro de la Vega" nennt man dieses „Fest", das zu Ehren der „Virgen de la Peña", der jungfräulichen Schutzpatronin der Stadt, gefeiert wird. Die Männer sind Amateure, keine Toreros. Sie stechen gnadenlos auf das Tier ein.

> Im Jahr 2000 wurde einem Stier die Lanze quer durch den Körper gerammt. Danach lebte er noch 35 Minuten, in denen der blutrünstige Pöbel immer weiter auf ihn einstach. Wer den Stier endgültig erlegt, darf ihm die Hoden abschneiden, auf seiner Lanze aufspießen und stolz der jubelnden Menge zeigen. In der Regel wird dem „Sieger" vom Bürgermeister in Anwesenheit von „Würdenträgern" der katholischen Kirche der Schwanz des Stieres als Trophäe überreicht.

Dieses historische Ritual ist unmenschlich und unchristlich, aber katholisch und steht unter Polizeischutz! Weder Protestbriefe aus dem In- und Ausland, Strafanzeigen wegen Tierquälerei noch Artikel in der Presse und Eingaben an die spanische Regierung konnten das Massaker bisher stoppen. Im Gegenteil: Die Regionalregierung Kastilien gab dem Fest sogar noch das Gütesiegel einer „Fiesta von nationalem touristischen Interesse". Trotzdem werden die Proteste gegen solche Quälereien lauter, und einige tausend Gegner des blutrünstigen Spektakels stellen sich den meist 30.000 Besuchern des „Turniers“ entgegen. Annabelle Haas beschreibt die Ereignisse wie folgt: „Menschenketten warfen sich gegen die mit Lanzen ausgerüsteten, johlenden Männer, die den zum Tode auserwählten Stier durch die Straßen der Stadt jagten. Fäuste, Steine und Stöcke flogen durch die Luft und verletzten die aufgebrachte Menge auf beiden Seiten. ‚Mörder, Barbaren, Nationale Schande‘ schreien die Demonstranten. Polizisten isolierten sie, damit nichts Schlimmeres passierte. Immer wieder stechen die Befürworter des Treibens ihre Lanzen in den Leib des verwirrten Tieres. 30 Zentimeter tiefe Wunden klaffen in seinem Leib, Muskeln und Knochen sind verletzt. Der Stier wird aus der Stadt gehetzt, stolpert getroffen und wird von mehreren Männern umrundet, die martialisch auf ihn einstechen. Die Wiese verfärbt sich blutrot.“[81]

In anderen Orten Spaniens geht es nicht weniger bestialisch zu. In Westspanien wird beispielsweise ein Stier (Toro de Coria) durch die Straßen gehetzt und mit Dartpfeilen beschossen. Je mehr das Tier in Panik gerät, desto größer der Jubel. In Medinaceli wird ein Stier (Toro de fuego = Feuerstier) mit brennenden Kugeln an den Hörnern durch die Straßen getrieben. Das Erfinden von Methoden zur Schmerz- oder Angststeigerung gleicht denen der Foltermethoden bei der Heiligen Inquisition. Sie waren von solcher Bestialität, dass sie weltweit von keiner anderen Religion oder politischen Diktatur je entwickelt oder angewendet wurde.

Stierfolter in Pamplona zu Ehren eines Heiligen

In Spanien kann fast alles auf katholische Tradition zurückgeführt werden. So findet das bekannteste Volksfest zu Ehren des Schutzpatrons St. Firmin in Pamplona, der Hauptstadt der autonomen Region Navarra im Baskenland, statt. Bei dieser Stierhatz nimmt man zahlrei-

---

[81] Annabelle Haas in Strandgazette.com, 16.09.2015

Bild 7: In der Arena auf der Strecke geblieben

che Verletzte und auch Tote bei Akteuren sowie Zuschauern in Kauf. Vor Beginn der Hatz singen einige der Läufer vor der Statue des Heiligen Firmin die sogenannte Peñas, auf Deutsch übersetzt: „Wir bitten Dich San Fermín, der Du unser Beschützer bist, uns während des Laufes zu leiten und uns Deinen Segen zu spenden. Es lebe San Fermín!" Wer betet für die zum qualvollen Tod verurteilten Tiere? Sie werden mit Elektroschocks aus den Ställen getrieben und meist in Sechsergruppen zur Massenbelustigung von grölenden Horden durch die engen und rutschigen Gassen gehetzt, wobei sie immer mehr unter Stress geraten, in den scharfen Kurven stürzen und von nachfolgenden von Angst und Panik getriebenen Stieren getreten sowie überrannt werden. Knochenbrüche oder Organprellungen sind die Folge. Durch die Schläge der Treiber und die durch Panik verursachten Stürze bekommen die Tiere wahnsinnige Angst und müssen kaum zu ertragende Schmerzen erleiden. Bei dieser Tradition, die viel Geld durch Partys, Schlachtfeste und Trinkgelage in die Kassen spült, werden zur Freude von Einheimischen und Touristen wehrlose Tiere zu Tode gemartert.

Die Läufer, die für eine kurze Wegstrecke neben den Stieren herrennen, fühlen sich als Helden und sind stolz, wenn sie auf Kosten der Tiere bejubelt werden, die ohne Chance sind, dieses bestialische Treiben zu überleben – denn am Ende kommen sie in die Arena und werden beim Stierkampf getötet. Von ehrlichem Kampf kann allerdings keine Rede sein, denn die Stiere zeigen nur noch ein letztes Aufbäumen in ihrem aussichtslosen Überlebenskampf. Diese „Fiesta" bietet den Zuschauern 204 Stunden grausames Spektakel, insgesamt acht Tage Quälerei mit anschließendem Abstechen von 8 x 6 = 48 Stieren durch professionelle Toreros – und das allein in Pamplona. Millionen Euro Einnahmen durch Horror-Aktionen zu Ehren des Heiligen Firmin! Die Kirche als Urheberin eines solchen menschenunwürdigen Kultes schweigt, da sie kaum eine rationale Begründung für diese „Todes-Fiesta" liefern können wird. Für einen denkenden, fühlenden und mitleidsfähigen Menschen kann es keine Begründung für ein solches Massaker geben. Und eine Deutung aus der Tradition heraus „führt in jedem Fall ins Irrationale, ja ins Absurde, denn Vernunft und Glaube pflegen in der Religion oft weit auseinanderzuklaffen. Vielleicht war die ursprüngliche Absicht von Priestern oder fanatischen Gläubigen bei Einführung des Kultes, dass an Tieren das historische Martyrium an dem Heiligen als Schau vorgeführt werden sollte. Vielleicht soll auch das Martyrium den Gläubigen vorgeführt werden, wenn wirklich einer von ihnen von den Hörnern aufgespießt oder durch sie verletzt wird. Der Leidende hat dann das ‚Glück', das Martyrium ‚nacherleben' zu dürfen."[82]

---

[82] Zitiert nach verbrechenderkirche.de/kirche-undtiere?showall=1

Brot und Spiele – wir haben nichts dazugelernt

Stiere und Pferde sind Freunde, deshalb stehen Fohlen und Stierkälber auf den Weiden Spaniens friedlich beieinander, liebevoll von ihrem Freund, dem Menschen, gehegt und gepflegt. Doch diese Zeit glücklichen Tierlebens ist begrenzt, denn es kommt der Zeitpunkt, da die jungen Stiere in die Arena getrieben werden, um dort in dunklen Verschlägen auf ihren Todeskampf zu warten. Hans Richter beschreibt in ZEIT ONLINE den genauen Ablauf eines Stierkampfes. Dieser beginnt schon einige Tage vorher, wenn die Tiere in dunkle Kammern gesperrt werden, damit sie nichts mehr sehen und geblendet sind, wenn zum Kampf das Gatter geöffnet wird und der Stier in das gleißende Sonnenlicht tritt. Damit er auch noch den Tastsinn verliert, werden die Hörner gekürzt. Kommt er nun in die Arena, begreift er nicht, welch grausames Spektakel ihn erwartet. Um ihn möglichst aggressiv zu machen, werden die gewaltigen Nackenmuskeln mit Wurfspießen verletzt. „An den Pfeilen hängen bunte Fähnchen, um die Aufmerksamkeit auf den blutenden Nackenmuskel zu lenken.

Bild 8: Stier, gequält mit Wurfspießen

Damit beginnt die Tortur: Ab jetzt kann der Stier den Kopf nur noch nach unten halten."[83] Das sensationshungrige Volk verlangt, wie im

[83] Richter, Hans in ZEIT ONLINE, 22.07.2012

alten Rom bei den Todeskämpfen der Gladiatoren, ein blutrünstiges Spektakel, das mindestens 20 Minuten dauern muss und bei dem die Grausamkeiten stetig gesteigert werden.

> Die Lanzen, die dem Stier in den Rücken gestoßen werden, haben Widerhaken, damit sie aus dem Fleisch nicht mehr herausfallen können. Die bei jeder Bewegung entstehenden Schmerzen quälen ihn unsagbar, und das ständig vor seinem Kopf schwenkende rote Tuch verwirrt ihn völlig.

Die Pferde der Picadores, die nun in die Arena kommen, sind durch Ledermatten geschützt. In seiner Hilflosigkeit greift der Stier nun an, und das Volk jubelt. Er ist außer sich und rast auf alles zu, was sich ihm in den Weg stellt, auch auf seinen einzigen Freund, das Pferd. Um das Tier zu schwächen, stechen die Reiter mit Lanzen auf den Stier ein, dessen Qualen nun immer größer werden. Dann versucht der in prächtigen Farben gekleidete Torero mit seinem Degen den Stier zu töten, wobei er oftmals nachstechen muss, wenn er das Herz nicht sofort trifft. Darf sich ein Torero für eine so feige Tat, bei der der Stier von vornherein keine Chancen hat, von der Masse bejubeln lassen? Wie können solche „Helden" von Kampf sprechen? „Eine weitere Tradition ist es, dass vor dem Kampf eine schöne Spanierin dem Torero eine rote Nelke zuwirft. Um sich zu bedanken, schneidet der Torero dem toten Stier ein Ohr ab und schenkt es der Schönen."[84] 40.000 Mal im Jahr werden zur Gaudi der Besucher Stiere grausam abgeschlachtet, 40.000 Mal ein einsamer Todeskampf! Wo ist die christliche Moral?

Der Kampf gegen Kirche und Politik

Am 26.09.2013 wurde im spanischen Kongress über die Erklärung des Stierkampfes zum Kulturgut verhandelt. In der Debatte sagte Juan

[84] Richter, Hans in ZEIT ONLINE, 22.07.2012

Manuel Albendea, Präsident der Kulturkommission: „Der Schmerz und das Vergnügen vereinigen sich im Stier am Ende des Kampfes." Der spanische Stierkampf ist ein Relikt aus vorzeitlichen Ritualen, und die Tötung des Stieres steht immer im Mittelpunkt der Fiesta. Solche traditionellen Feste, bei denen eine ausgelassene Bevölkerung Beifall klatscht, wenn Tiere grausam gequält und umgebracht werden, finden ungeachtet massiver Proteste von Tierschützern und Tierrechtsorganisationen statt, die ständig auf politischer und kirchlicher Ebene das Verbot solcher Quälerei fordern. Dass diese Forderungen bisher nur in den hier beschriebenen Einzelfällen von Erfolg gekrönt sind, ist verständlich, wenn man weiß, wie sehr die Politik mit der katholischen Kirche verwoben ist. Schließlich lehrt sie seit Jahrhunderten, dass Tiere keine Seele haben und weder über Gefühle noch Schmerzempfinden verfügen.

Und die heute kleinen Tierschänder von Morgen lernen in den Schulen immer noch, dass sich die Kirche nicht irren könne, da sie ihre Lehre direkt von Gott erhalten habe. Ich weiß nicht, ob dieser Gott als Schöpfer aller Kreatur den Stier als Folteropfer ausersehen hat und sich an römisch-dekadenten Volksfesten mit viel Blut erfreuen kann. Man darf auch nicht vergessen: Es geht um viel Geld, um nicht zu sagen, ein Milliardengeschäft bei jährlich 2000 Stierkampfveranstaltungen. Davon hängen etwa 200.000 Arbeitsplätze ab, insgesamt wird jährlich ein Umsatz von 1,5 Milliarden Euro erzielt. In Spanien gibt es allein ca. 1500 Zuchtbetriebe von Kampfstieren. Bei solchen Ausmaßen redet man nicht mehr über Ethik und Moral, wenn die Veranstalter als Begründung auch noch angeben, die gequälten Tiere symbolisieren das Böse und der Mensch triumphiere mit seiner Rationalität sowie körperlichen Überlegenheit über die Bestie. Nur, wer ist hier die Bestie?

Katapulte für Wachteln und andere Abartigkeiten

Alicante ist eine bekannte spanische Urlaubsprovinz. In der Ortschaft Calpe an der Costa Blanca gibt es ein Schießturnier mit Namen „Virgen del Pilar" zu Ehren des Gnadenbildes der Jungfrau Maria auf einem Pfeiler in Saragossa. Dabei werden lebende Wachteln mit speziellen Abschussvorrichtungen durch Rohre katapultartig hochgeschossen und von Sportschützen abgeschossen. In Orvieto werden jährlich zum Pfingstfest Tauben mit Knallkörpern bestückt und als lebende Orakel verwendet. Wäre es möglich, mit den Menschen, die solche kaum zu glaubenden Quälereien in der Praxis ausführen oder mit den Veranstaltern solcher Volksfeste über Tierethik, Würde und Moral zu sprechen?

Auch Hunde sind Opfer öffentlicher Quälerei

Die Windhundrennen in Großbritannien haben eine lange Tradition, und im Allgemeinen geht es den Hunden dort einigermaßen gut. Allerdings werden Tiere, die den Erwartungen nicht entsprechen, besonders oft nach Spanien verkauft. Nach dem strapaziösen Transport fängt das Martyrium erst richtig an. Auch hier werden sie erneut für Rennen eingesetzt, zuvor allerdings kaum auf Krankheiten oder Verletzungen kontrolliert und müssen stundenlang in großer Hitze auf ihren Einsatz warten. Wer diese Strapazen in den heißen Arenen nicht übersteht, wird mit den Verlierern der Rennen oft grausam getötet. Nebenbei sei noch eine andere Hundehinrichtung erwähnt: Ausgemusterte Jagdhunde werden nach einer Jagdsaison wie im Mittelalter auf grausame Weise an Bäumen erhängt. Tradition kennt in diesen südlich-katholischen Ländern keine ethisch-moralische Grenze.

Schlachtfeste als Beweis katholischen Glaubens

Es gibt heute immer noch vor allem in ländlichen Gegenden Spaniens große Schlachtfeste, bei denen die Bevölkerung Unmengen von Schweinefleisch verzehrt, was auf geschichtliche Ereignisse zurückzuführen ist. Bereits im Jahr 1391 begann auf Anordnung des Stellvertreters des Bischofs von Sevilla die Judenverfolgung, wobei 50.000 ihr Leben lassen mussten. 1492 wurde die Vertreibung aller Juden verfügt, sofern sie sich nicht taufen ließen. Die meisten gingen über die Grenze nach Portugal, doch fünf Jahre später wurden sie auch hier unter teilweise grausamer Gewalt zwangsgetauft. Man nannte sie „marranos“ (Schweine), da sie ihren Glauben dadurch bezeugen mussten, indem sie Schweinefleisch aßen. Sollten sie wieder jüdische Gebräuche annehmen, waren sie der „Heiligen Inquisition“ mit kaum zu beschreibender Folter ausgeliefert. In dieser Zeit wurden etwa 30.000 Menschen auf kirchliche Anordnung lebendig verbrannt, vor allem Muslime und Juden, selbst diejenigen, die zum katholischen Glauben konvertiert waren, wenn auch weniger aus Überzeugung, sondern mehr aus Angst vor Verfolgung und Hinrichtung. Man zweifelte daher ihre Rechtgläubigkeit an, und um zu überleben, aßen die Konvertierten auf Festen demonstrativ viel Schweinefleisch vor möglichst vielen Zeugen. Die Tradition der großen Schlachtfeste hat sich bis heute gehalten.

Abschaffung abartiger Traditionen in Zeitlupe

In dem Dorf Manganeses de la Polvorosa nordwestlich von Madrid war es Tradition, alljährlich zum Fest des Heiligen St. Vinzenz eine lebendige Ziege vom Kirchturm zu werfen, die unten mit einem Sprungtuch wieder aufgefangen werden sollte. Dies gelang aber nicht immer beim ersten Versuch. Warum ausgerechnet eine Ziege? Nicht dass es bei jedem anderen Tier nicht genauso schlimm wäre, aber gerade die Ziege gehört seit 10.000 Jahren wie unser Hund zu unseren ältesten Begleitern. und hat dem Menschen immer in guten und schlechten Zeiten gedient. Sie ist zu Erstaunlichem fähig: „Die kleinen Hornträger erwiesen sich als geländegängige Pfadfinder, mühelos klettern sie auf Felsen, Bäume oder Kühe und sind zuverlässige Bergführer, die schwere Lasten schleppen. Außerdem fuhr die Ziege lange Zeit zur See: Seemänner schätzten sie als kompakte und genügsame Begleitung."[85] Womit hat es die Ziege also verdient, vom Kirchturm geworfen zu werden, wenn sie dem Menschen nur Nutzen gebracht hat? Inzwischen hat der aktuelle Bürgermeister diese Tierquälerei abgeschafft und die lebenden Tiere durch eine Plüschziege ausgetauscht – gegen den Protest der Einheimischen.

Bild 9: Glückliche Ziege, glückliches Mädchen

Im Dorf Albala wurde bei einem Karnevalsbrauch lebenden Hähnen der Kopf abgerissen. Auch hier hat ein Bürgermeister dieses abartige Treiben beendet und verfügt, dass nur noch tote Hähne benutzt werden dürfen. Immerhin ein kleiner Fortschritt. Inzwischen verzichten auch in mehreren Orten die Bewohner bei ihren Dorffesten auf den alten Brauch, lebende Gänse oder Hähne an den Füßen zu fesseln und mit einem Seil über die Straße zu hängen, um ihnen dann von Reitern die Köpfe abreißen zu lassen. Die Beendigungen solcher Grausamkeiten sind aber leider nur Ausnahmen. Doch auch in Katalonien hat das Regionalparlament ein Stierkampfverbot beschlossen, und ihre Hauptstadt Barcelona wurde dank ihres Stadtrates zur ersten „Anti-

[85] DIE ZEIT Nr.8/2015, 19.02.2015

Stierkampf-Stadt" Spaniens. Die Tierschutzverbände haben jedoch in diesem Fall vergeblich auf eine Signalwirkung für andere Regionen gehofft. Wie tagesschau.de am 20.10.2016 meldet, haben die spanischen Verfassungsrichter dieses Gesetz wieder gekippt und zwar mit der üblichen Urteilsbegründung, der Stierkampf gehöre zum kulturellen Erbe Spaniens und eine Entscheidung über Verbote stehe nur der Zentralregierung in Madrid zu. Damit sei das Stierkampfverbot in Katalonien verfassungswidrig. Die Tierschützer werden jetzt die Spanienurlauber verstärkt zum Boykott aufrufen, da hauptsächlich sie diese als Kulturerbe getarnten Fiestas finanzieren. Die Mehrheit der europäischen Bevölkerung lehnt Stierkämpfe als barbarisch ab.

Tierquäler mit dem Segen der Kirche

Im Juli 2008 veröffentlichte „Tier TV" einen Artikel mit der Überschrift „Kirchen und Tierschutz – Der Wille Gottes?" Darin wird zunächst der Katechismus zitiert: (KKK 2416) „Tiere sind Geschöpfe Gottes und unterstehen seiner fürsorgenden Vorsehung. Schon allein durch ihr Dasein preisen und verherrlichen sie Gott. Darum schulden ihnen auch die Menschen Wohlwollen." Und (KKK 2417): „Gott hat die Tiere unter die Herrschaft des Menschen gestellt." Dazu wird kommentiert: „Würde diese paranoische Scheinheiligkeit nicht von der Kirche kommen, müsste man sich fragen, ob Gott über Mensch und Tier den Überblick verloren hat. Denn wer, außer der Kirche, würde, angesichts einer ausgerasteten, sinneswidrigen Gesellschaft von Menschen, die mordet, tötet, Tiere bestialisch quält und auf grausame Weise hinmetzelt, die Tiere ′unter die Herrschaft des Menschen′ stellen (wollen)?" In KKK 2415 heißt es: „Die Bodenschätze, die Pflanzen und die Tiere der Welt dürfen nicht ohne Rücksicht auf sittliche Forderungen genutzt werden." Und auch zu diesem Satz die Frage von „Tier TV": „Was wohl die Kirche mit den sittlichen Forderungen meint? Eventuell unsere heutigen Schlachthöfe, die Totenlager der gequälten und getöteten Tiere sind, die als Kadaver der ‚moralisch hoch stehenden Gesellschaft' dienen. Vielleicht ist mit ‚sittlichen Forderungen' auch gemeint, dass man die Tiere nicht direkt vor den Augen ihrer ‚Verbraucher' umbringt, diesen die Todesschreie nicht zumutet, sondern diese mörderischen Prozeduren hinter dicken Wänden von Schlachthäusern verbirgt?"

Die Tierquäler können sich nicht nur auf den Segen der Kirche stützen, sondern auch auf die Bibel als direktes Wort Gottes. Allerdings zeichnet uns die „Heilige Schrift" eher das Bild eines schizophrenen Gottes, der einerseits immer wieder blutige Schlachtopfer in allen Varianten fordert und sich am Duft verbrannten Fleisches erfreut, der dann aber wieder durch Propheten verkünden lässt: „Ich habe Lust an der Liebe und nicht am Opfer" (Hosea 6, 6), „... ich mag eure fetten Dankopfer nicht ansehen." (Amos 5,22) und „Was soll mir die Menge eurer Opfer? ... Ich bin satt der Brandopfer von Widdern und des Fetten von den Gemästeten und habe keine Lust zum Blut der Stiere, der Lämmer und Böcke." (Jesaja 1,11) Auch im Neuen Testament sagt Jesus Ähnliches: „Ich will Barmherzigkeit und nicht Opfer" (Matth 9,13). Die Verfechter der Tierquälerei zur Volksbelustigung finden in der Bibel natürlich ihre Art der Bestätigung, wenn Gott befielt (4. Moses 28,3f): „Das sind die Opfer, die ihr dem Herrn opfern sollt: jährige Lämmer, die ohne Fehl sind ..." Über Hunderte von Seiten fordert er im AT blutige Opfer, vor allem immer wieder auch Stiere. Müssen da die Spanier noch ein schlechtes Gewissen haben, wenn sie ihre Rechtfertigung auf höchster Ebene finden? Zumal auch noch der katholische Priester die Stierkämpfer und die Arena segnet! Hätten nicht eher die Stiere den Segen verdient? Wie ich schon an anderen Stellen mehrmals nachgewiesen habe, sind die widersprüchlichen Aussagen in der Bibel so zahlreich, dass auch hier jeder das für ihn Passende heraussuchen kann und immer durch die Heilige Schrift seine Bestätigung findet. Wenn es im Katechismus heißt (KKK 2418): „Es widerspricht der Würde des Menschen, Tiere nutzlos leiden zu lassen und zu töten." und Kirchenanhänger in der Praxis immer wieder das Gegenteil praktizieren, sobald es ihrem Nutzen oder ihrer Freude dient, dann sollte man sich aus voller Überzeugung von einer solchen unglaubwürdigen Institution mit Grausen abwenden und sich besser jenen zuwenden, die sich wirklich dem Schutz der Schöpfung verschworen haben – und die gibt es in allen Ländern.

C Frankreich – Quälerei als nationales Kulturerbe

Die Gänsestopfleber, eine eklige Delikatesse

Bei der Stopfleber wird die Leber von Gänsen und Enten durch Zwangsfütterung auf etwa das Zehnfache ihres Normalgewichtes gebracht. Verwendet werden allerdings nur männliche, da sie eine größere Leber ausbilden. Über 30 Millionen weibliche Küken landen daher lebend im Schredder. In großen Industriehallen werden Tausende von Gänsen in enge Käfige eingepfercht, wo sie weder aufstehen noch sich umdrehen und schon gar nicht die Flügel ausstrecken können.

> Im Alter von 8 bis 10 Wochen beginnt die Zwangsfütterung, wobei die Tiere für 2 bis 3 Wochen „gestopft" werden. Das heißt, man drückt ihnen bis zu 5 Mal am Tag 800 bis 1000 Gramm Maisbrei mit 5 Prozent Schweineschmalz durch ein langes Metallrohr, das ihnen gewaltsam in den Hals gestoßen wird, direkt in den Magen hinein. Dabei schwillt die Leber der Tiere stark an und wiegt statt üblicher 300 Gramm bei der Schlachtung 1000 bis 2000 Gramm. Diese Prozedur verursacht Halsverletzungen, Atemnot, Herzversagen und Leberblutung, Durchfall, Erbrechen, Dünndarmentzündung und Koma. Am Ende der Zwangsstopfung drückt die stark vergrößerte Leber die Lungen zusammen, sodass das Atmen der Tiere zum Keuchen wird. Kurz bevor

die Gänse aufgrund solcher Quälereien ohnehin verenden würden, werden sie geschlachtet. Die Schwächsten unter ihnen sterben schon vor Erreichen der Schlachtfabrik. Alle anderen leiden noch weiter: Da die Stromstärke für die Betäubung oft zu niedrig eingestellt wird, sind sie noch bei vollem Bewusstsein, wenn die Arterie geöffnet wird, um das Blut ausfließen zu lassen.

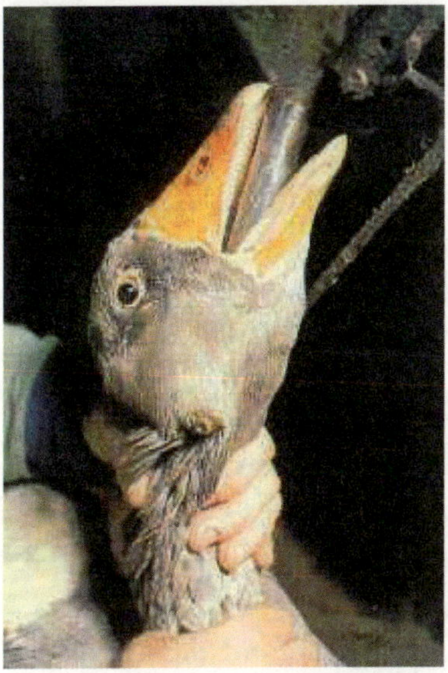

Bild 10: Qualvolles Stopfen mit Rohr

Millionen Tiere sterben grausam, damit sich wenige Menschen in Nobelhotels und Gourmetrestaurants diese Delikatesse schmecken lassen können. Gänse leben normalerweise in Hierarchien zusammen und sind ausgesprochen soziale, monogame Wesen, bei denen sich Weibchen und Männchen gleichermaßen um den Nachwuchs kümmern. Durch Einschränkung ihrer Bewegungsmöglichkeiten in den kleinen Käfigen auf den Stopffarmen sind sie ihrer sozialen Aktivitäten beraubt und leiden bis zu ihrem Tod nicht nur körperlich, sondern auch psychisch. Die Tierschutz - Organisation PETA[86] zeigt auf Videos, wie in Frankreich die Gänse schon beim Anblick des Stopfrohres panisch schreien: Auch, wenn sie kaum in der Lage sind, sich zu bewegen, so versuchen sie doch, der „Fütterung“ zu entkommen. Es gibt Länder, die die Produktion von Gänsestopfleber aufgrund der Unvereinbarkeit mit dem Tierschutz verboten haben. Dazu zählen Israel, Schweiz, England,

86 PETA = People for the Ethical Treatment of Animals (peta.de, peta.org)

Deutschland und mehr als die Hälfte der EU-Staaten. Dies heißt wiederum nicht, dass Produkte wie Fettleber oder Gänseleberpastete nicht eingeführt und verkauft werden dürfen. Mit der Produktion verstoßen allerdings fünf Länder gegen die EU-Richtlinie 98/58CE, die besagt: „Die Art des Fütterns und Tränkens darf den Tieren keine unnötigen Leiden oder Schäden verursachen." Mit stolzen 75 Prozent der Produktion ist Frankreich mit rund 20.000 Tonnen pro Jahr Hauptexporteur, gefolgt von Ungarn, Bulgarien, Spanien und Belgien. Danach erreichen diese Länder 96 Prozent der Weltproduktion an Stopfleber.[87]

Wie weit der nationale Egoismus über den Rechten der Tiere steht, sieht man allein daran, dass in Frankreich im Jahr 2005 die Gänsestopfleber zum „nationalen Kulturerbe" erhoben und dadurch sogar von französischen Tierschutzgesetzen ausgenommen wurde. In diesem Zusammenhang möchte ich der „Grande Nation" den Spruch von Albert Schweitzer empfehlen: „Die Größe und den moralischen Fortschritt einer Nation kann man daran messen, wie sie die Tiere behandelt."

Hunde und Katzen als lebende Haiköder

Eine besonders verwerfliche Art der Tierquälerei, für die Frankreich mit verantwortlich ist, möchte ich noch nennen. „Lebende Hunde als Haiköder" muss deshalb als pervers bezeichnet werden, weil man auf der französisch kontrollierten Insel Réunion trotz massiver Proteste immer noch lebende Hunden und Katzen zum Fang von Haien einsetzt.

> Dabei werden den Ködertieren große Angelhaken durch dic Schnauze und die Pfoten gebohrt, um sie dann an Leinen hinter den Schiffen her-

[87] Zahlenmaterial von der Tierrechtsorganisation PETA unter www.peta.de

zuziehen. Die Schmerzen und der Kampf gegen das Ertrinken sind kaum auszudenken. Meist werden größere Hunde als Haiköder verwendet, aber selbst sechs Monate alte, mit Angelhaken präparierte Katzen wurden an den Strand gespült.

Bei Haien kann man übrigens nur die Flossen essen, die ihnen bei lebendigem Leib an Bord abgeschnitten werden. In der EU ist das sogenannte finning seit Mitte 2015 verboten – Kontrollen finden aber kaum statt. Der FOCUS berichtet: „Erst am Wochenende hatte ein Junge bei Sainte-Marie wieder einen als Köder präparierten kleinen Royal Bourbon gefunden. Er hatte den gelben, großäugigen und von Natur aus friedlichen Hund von seinen Angelhaken befreit und zum Tierarzt gebracht. Seine Familie will den Hund jetzt adoptieren."[88] Gut und Böse liegen immer ganz nah beieinander.

Stierkämpfer in Frankreich mit Liebe in den Augen

Obwohl in Frankreich jede Art der Tierquälerei verboten ist, macht das Strafgesetzbuch Ausnahmen, z.B. bei Hahnen- und Stierkämpfen, sofern es sich um „örtliche Traditionen handelt". Im Forum „Der Stierkampf im Europa des 21. Jahrhunderts" heißt es am 03.12.2015 „La Tortura No es Cultura" (Folter ist keine Kultur): „Die Ethik hinter der Tauromachie (laut DUDEN die Technik des Stierkampfes) besteht darin, einem Tier Schmerzen zuzufügen, damit es den Menschen angreift und somit ein Spektakel bietet, welches mit seinem Tode endet."[89] Die französische AFP (Agence France-Presse) ist die älteste internationale Nachrichtenagentur. In einem in Ausschnitten ins Internet gestellten Fernsehbeitrag wurde die Frage vorangestellt: Tierquälerei oder traditionsreiches Kulturgut? Es ging um das Für und Wider solcher Spektakel, und Luc Lalabert, Sprecher der Stierkampf-

---

[88] ONLINE FOCUS, 01.08.2005, 13:12 Uhr

[89] vgl. sos-galgos.net

arena von Nimes, wurde nach dem Sinn dieser Quälerei gefragt. Hier seine Antwort, die ich aus dem Video-Clip mitgeschrieben habe: „Wir können das nicht erklären. Gehen Sie mit einem Stierkämpfer aufs Land und sehen Sie sich die Stiere an. Sie werden Liebe in den Augen des Toreros sehen. Den Mut zu haben, sich mit einem 500 kg Bullen in die Arena zu stellen, das hat nichts mit Tapferkeit zu tun, sondern mit Leidenschaft." Dazu gibt es etliche Kommentare von Usern, die ich hier in teilweise verkürzter Form als Auswahl wiedergebe: „Oh, wenn da Liebe in den Augen der Killer ist, das ist dann Selbstliebe. Torero = Maximum an Testosteron, kombiniert mit einem Minimum an Gehirn und Bildung (bzw. Kultur)". (...) „Ich sehe keine Liebe in den Augen dieser eiskalten Killer. Ich sehe Psychopaten, Sadisten, Tierquäler, die sich von grölendem Publikum, ebenfalls Abschaum, feiern lassen. Ich sehe Weicheier, Feiglinge, die nie eine Erziehung, Bildung genossen haben. (...) Menschen mit Bildung würden sich nicht auf dieses unterste Niveau begeben." (...) „Wenn die Pfarrer da beim Stierkampf nicht kollektiv aufmarschieren und die Tierquäler verfluchen und exkommunizieren, das zeigt meiner Meinung nach lediglich, wie wenig diese Leute vom Wesen Jesu mitgekriegt haben, wie wenig sie sich dem Christentum verpflichtet fühlen und wie verlogen sie sind."

Tierquälerei durch Einzeltäter

Neben der Massenquälerei bei Volksbelustigungen gibt es überall auch die individuelle Folter von Tieren. Auch hier beschränke ich mich der Vielzahl wegen auf Einzelbeispiele. Wir finden im Internet viele Bilder und Videos mit unglaublich brutaler Tierquälerei. DIE WELT berichtet unter der Überschrift „Tierquäler vergräbt Dogge in Bauschutt" von einem Spaziergänger mit Hund, der westlich von Paris auf einem brachliegenden Gelände eine Dogge entdeckte, die lebendig bis zum Kopf in Bauschutt eingegraben war. Nur noch der Kopf und der Rücken waren zu erkennen. Die Dogge konnte sich nicht selbst befreien, da sie zusätzlich mit einem Strick festgebunden war. Die vom Spaziergänger sofort alarmierte Polizei befreite das völlig entkräftete Tier und brachte es zum Tierarzt. Um die Öffentlichkeit für solche Untaten zu sensibilisieren, veröffentlichte der Spaziergänger Fotos von der Befreiung der Dogge und konnte auch zeigen, wie sein eigener Hund dabei half. Die Bilder sorgten für einen Sturm der Empörung, und eine Online-Petition forderte die Höchststrafe für den 21-jährigen Täter, der von der Polizei schnell ermittelt wurde. Ihm drohen nun wegen Tierquälerei bis zu zwei Jahren Haft und 30.000 Euro Geldstrafe.[90] Eine solche Strafe wäre in Deutschland undenkbar.

Um noch einen weiteren Fall zu nennen: Ein 25 Jahre alter, in Marseille wohnhafter Mann hat sich filmen lassen, wie er mit breitem Grinsen im Gesicht eine Katze durch die Luft wirft und gegen eine Wand schmettert. Das erinnert mich erneut an mein eigenes im Vorwort beschriebene Kindheitserlebnis. Sowohl der Filmer als auch der Quäler ignorierten die Schreie der Katze und führten ihren „Spaß“ fort. Das Entsetzen in der französischen Öffentlichkeit war so groß, dass Internetbenutzer mit viel Ausdauer das Profil des Täters ausfindig machen konnten, da es mit dem Video verknüpft war. Eine Online-Petition forderte, den Täter vor Gericht zu bringen, der schließlich festgenommen und zu einem Jahr Haft ohne Bewährung verurteilt wurde.

---

[90] vgl. DIE WELT, 07.08.15 unter Panorama

D Italien – Kein Gefühl für lebende Geschöpfe

Quälen zu Ehren der Heiligen

Wie in den bisher genannten Ländern gibt es auch in Italien Tierquälerei übelster Art, wovon ich auch hier nur einige Beispiele herausgreife. Zum Gedenken an den Heiligen Leo wird in San Martino ein Ochsengespann von wilden Reitern gehetzt und dabei mit Holzstangen auf die Tiere eingestochen. Ähnlich geht man in Portocanone zu Ehren einer Madonnenfigur vor, und in Ururi quält man die Tiere von drei Ochsengespannen im Namen des Heiligen Kreuzes.

Hundeleben in Haft und Dunkelheit

Auch die treuesten Freunde des Menschen, die Hunde, werden zu Nutztieren degradiert, wenn man sie z.B. in der dreimonatigen Jagdzeit als Hilfe für die Jäger benötigt, um sie anschließend ins Verlies zu bringen, wo sie sich kaum noch bewegen können. Meist werden sie an die Kette gelegt oder noch schlimmer: in engen Boxen in Dunkelhaft gehalten. Welches Verbrechen haben sie begangen? Die Urlauber in der Toskana bekommen von solcher Quälerei nichts mit. Als zahlende Gäste werden sie mit Wein, Gesang und Sonne verwöhnt und von solchen Quälorten ferngehalten.

Todeskampf der Wasserbüffel für Genussmenschen

Eine ähnlich schlimme Tierquälerei wie in Frankreich für die Gänsestopfleber erleben wir bei der Produktion von Mozzarella, ein durch die EU geschütztes meist in Kugelform angebotenes italienisches Käseprodukt, sofern es aus der Milch des Wasserbüffels produziert wird. Wie die Süddeutsche Zeitung berichtet, ist die Herstellung allerdings mit einem dunklen und grausamen Geheimnis verbunden. Vor gar nicht allzu langer Zeit wurden unter anderem bei Capaccio die Kadaver von elf Büffelkälbern in einem Gebüsch gefunden. Auf einer Farm

Bild 11 und 12: Geschmacklich intensiver Mozzarella, für den männliche Wasserbüffel nicht gebraucht und daher „entsorgt" werden

unweit des Küstenortes Castel Volturno fanden Beamte der italienischen Tierschutzbehörde sogar 24 tote Büffel in „fortgeschrittenem Verwesungszustand". Wie die Behörde mitteilte, waren die Tiere verhungert und hätten sich nur noch von dem wenigen Grün ernährt, das wild auf der Farm wuchs. Diese Büffelfriedhöfe (ital.: Cimitieri dei bufali) sind Zeugnisse unbeschreibbaren Tierleidens mitten in Europa. Die Süddeutsche Zeitung beschreibt unter der Überschrift „Das dunkle Geheimnis des Mozzarellas" den Grund, warum die Farmer die Tiere absichtlich verhungern lassen: Um die fette und nahrhafte Büffelmilch zu erhalten, müssen die Kühe pro Jahr ein Kalb zur Welt bringen, davon sind ca. 50 bis 70 Prozent männlich und müssen irgendwie „entsorgt" werden. „Weil sie keine Milch geben und ihr leicht nach Wild schmeckendes Fleisch bislang mangels Bekanntheit kaum jemand essen möchte, haben die Bauern kein Interesse an der Aufzucht. Die überflüssigen männlichen Tiere dann einfach nicht mehr zu füttern, sei eine ‚weit verbreitete Praxis' (...) Damit niemand das Brüllen der hungrigen ‚Abfall-Kälber' hören kann, wird ihnen schon mal das Maul zugebunden. Manche Bauern sollen die Tiere sogar in Gülle ertränken ..."[91]

---

[91] Sueddeutsche-zeitung.de, 09.12.2015, Texte aus der Zeitschrift NATUR, Ausgabe Dezember 2015

E Rumänien – Jenseits aller Menschlichkeit und Würde

Todeszellen für Hunde und Katzen

Das Problem freilaufender Hunde in Rumänien ist europaweit bekannt, und es gibt viele Menschen, die sich für das Wohl der Straßenhunde einsetzen und gegen eine grausame Tötungsmaschinerie kämpfen – meist vergeblich. So berichten Reporter sehr betroffen von brutalen Hundefängern aus dem Ort Gheorgheni und von einer Einwohnerin, deren Worte immer wieder stocken, weil sie die Tränen schlucken muss, als sie sagt: „Es sind doch unsere Hunde, auch wenn es Straßenhunde sind. Sie haben niemandem etwas getan!“[92] Diese freilebenden Vierbeiner vermehren sich, sie suchen sich auf der Straße und im Müll ihr Futter und bevölkern die Straßen. Tierschützer versuchen unermüdlich, die Bürgermeister der Orte davon zu überzeugen, dass die einzige Lösung die Einrichtung von Tierheimen und eine systematische Kastration zur Verminderung der Straßenhunde sei. Das ist aber mit Kosten verbunden, und so sollte am 01.04.2009 laut Anordnung des Bürgermeisters von Gheorgheni der Hinrichtungstag für 91 Hunde sein. „Uniformierte Männer, ausgestattet mit Narkosegewehren, stiegen aus und begannen eine schreckliche Jagd. Sie schossen auf die Hunde, mitten in belebten Straßen, ungeachtet der Tatsache, dass zahlreiche Passanten,

Bild 13: Hundefänger in Rumänien

[92] Siehe http://www.freundeskreis-bp.de/brasov.php

Bild 14: Hunde-Shelter in Rumänien: Kaum zu ertragendes Elend

darunter auch Kinder, ihre Wege kreuzten. In ihrer Todesangst kämpften die getroffenen Tiere bis zum Ende ihrer Kräfte gegen das Narkosemittel an, versuchten zu fliehen, sich zu verkriechen. Doch es gab kein Entkommen. Stundenlang zogen die Männer durch die Straßen, auf der Suche nach ihren Opfern. Erst als die Tiere bis zur Decke der vier Kastenwagen gestapelt waren, traten sie ihre Fahrt Richtung Brasov an. Als die ersten Hunde wach wurden, lagen zahlreiche betäubte Körper auf ihnen. Enge, fehlender Sauerstoff, dazu grenzenlose Panik."[93] Den Transport in die Tötungsstation von Brasov überlebten viele Tiere nicht.

Die anderen kamen zunächst in ein Tierheim, in dem sie getötet wurden, wenn sie niemand innerhalb von 14 Tagen freikaufte und schriftlich die Verantwortung für sie übernahm. Ich kenne einige Hundehalter, die solche traumatisierten Tiere über entsprechende

---

[93] Siehe www.freundeskreis-bp.de/brasov.php

Organisationen aus den Todeszellen freigekauft und mit viel Geduld und Liebe zu glücklichen Familienmitgliedern in Deutschland aufgepäppelt haben. Der ETN e.V. (Europäischer Tier und Naturschutzbund) veröffentlicht solche Missstände und Quälereien. Als Prinzessin Maja von Hohenzollern von den unglaublichen Tierquälereien in Rumänien erfuhr, konnte sie nicht untätig zusehen, setzte sich mit großem Engagement für die Beseitigung der Missstände ein und unterstützte die Arbeit der Tierschützer. Sie reiste als Botschafterin des ETN nach Brasov, wo man ca. 300 Hunden pro Tag mit Spaten oder Hammer erschlug oder mit dem Nervengift T61 totspritze.

Die Prinzessin verhandelte u.a. mit dem Vize-Bürgermeister von Brasov und alarmierte die örtlichen Medien. „Sie nannte den Mann, der im Auftrag des Bürgermeisters von Brasov die Hunde so grausam töten ließ, vor laufender Kamera ‚Ceausescu der Hunde'. Ein Satz, der einschlug wie eine Bombe, am nächsten Tag war der Mann auf allen Titelseiten Rumäniens, Maja hatte seine grausamen Taten und sein Gesicht ins Licht der Öffentlich gezerrt und so das Töten in Brasov gestoppt."[94] Für wie lange, ist die Frage, und in anderen Städten Rumäniens werden Hunde und Katzen weiter bestialisch ermordet. Von 2004 bis 2010 fanden ca. zehn Millionen Hunde den Tod. Der ETN setzt sich nach wie vor für die einzig tierfreundliche systematische Kastration der Straßenhunde ein. Aus Kostengründen weigern sich die Bürgermeister, daher stellt der ETN Gelder zur Verfügung. In einem YouTube-Film[95] kann man sich die Grausamkeiten mit den Hunden und den Einsatz von ETN für die Beendigung solchen Massakers ansehen. Aber Vorsicht, es ist nichts für empfindsame Seelen! Beim Besuch der Tötungsanlage erlebte das ETN-Team kaum zu ertragendes Elend der auf den Tod wartenden Hunde. Sie siechen vor

[94] www.youtube.com/watch?v=NOsISNGDHxE, hochgeladen am 03.01.2011
[95] www.youtube.com/watch?v=NOsISNGDHxE

sich hin, ohne Futter, ohne Versorgung, sie sind apathisch. Und selbst, wenn man sie durch die Gitter streichelt, zeigen sie keinerlei Reaktion. Sie wissen genau, was auf sie zukommt, mit ihrer feinen Nase können sie den Tod riechen. 25 Euro pro getöteten Hund – ein gutes Geschäft bei 10 Millionen Todesopfern!

Grausamkeiten gegen die Freunde des Menschen

Prinzessin Maja beschreibt in oben bezeichnetem Film ihre ungeheure Wut darüber, dass Menschen einen solchen Mangel an emotionaler Intelligenz besitzen. Aber das Team hat nicht nur Hunde mit abgeschnittenen Ohren und ausgestochenen Augen gesehen, sondern unter anderem bei ihren Fahrten durch Rumänien auch 45 nicht mehr benötigte Tanzbären in einem Reservat mit teilweise ausgestochenen Augen. Man sah Pferde, die man festgekettet oder denen man die Füße zusammengebunden hatte. Es übersteigt meine Vorstellungskraft, dass all diese Grausamkeiten heute in einem EU-Mitgliedsstaat passieren und dass die EU ebenso schweigt wie die Kirche. Nicht nur Hunde werden in Rumänien grausam behandelt, auch die dem Menschen ebenso treuen Tiere wie die Pferde.

Hier finden wir in Straßengräben Pferde mit ausgestochenen Augen, zertrümmerten Beinen und abgeschnittenen Ohren, die langsam einen qualvollen Tod sterben. Die Menschen spannen oft wild gefangene Stuten und Hengste vor den Wagen, und wenn sie vor Erschöpfung nicht mehr können, werden sie verstümmelt und liegengelassen. Damit sie auf der Straße keine Unfälle verursachen, werden ihnen mit Eisenstangen die Beine zertrümmert. Die rumänischen Bauern entwickeln kein persönliches Verhältnis zu ihren Tieren. Ihre zwei bis drei Pferde müssen ein elendes Dasein fristen, sie werden bei minimalster Versorgung zu harter Arbeit gezwungen. Die Mentalität dieser Bauern ist für uns kaum nachvollziehbar, wenn die Tiere während des kalten Winters (bis zu minus 20 Grad Celsius) durstig und hungrig einfach draußen gelassen werden – und das mit der zynischen Begründung, dass ein Pferd kein Futter braucht, wenn es nicht arbeitet. Ein Satz, der auch von Diktatoren in Bezug auf Menschen immer wieder aufgegriffen wurde und der sogar in die Verfassung Art. 12 der ehemaligen UdSSR einging. Grausame Quälereien finden in Rumänien auch nur so zum Spaß statt, wenn zum Beispiel Fohlen für Hochzeiten geschmückt werden, die man dann mit Benzin übergießt und ansteckt. Oder Kinder verstümmeln lebende Pferde als Mutprobe.[96] Und noch einmal: Dieses Land ist Mitglied der Europäischen Union! Zum Schluss aber noch eine positive Meldung: Dank ETN gibt es inzwischen rumänische Gemeinden, die mit gutem Beispiel vorangehen. So lehnt der Bürgermeister einer Nachbargemeinde von Brasov Tötungen ab und lässt Kastrationen von Hunden und Katzen durchführen. Ein begrüßenswerter Anfang, der Weg zur Humanität scheint aber noch sehr mühsam zu sein.

Vergebliche Aufforderungen an den Papst

Als „ETN-Botschafterin für die Tiere" schrieb Maja, Prinzessin von Hohenzollern, 2011 zum Weihnachtsfest folgenden Brief, der unter anderem im Tierarztblog veröffentlicht wurde und so erschütternd ist, dass ich ihn in voller Länge wiedergeben möchte:

„Immer wieder erleben wir in unserer Tierschutzarbeit, wie grausam und brutal mit Tieren umgegangen wird. Besonders in Süd- und Osteuropa, also in den katholisch-orthodoxen Ländern, müssen wir immer wieder erleben, dass ausgesetzte Hunde und Katzen auf der Straße ihrem Schicksal überlassen werden, ohne Liebe und Fürsorge, meist Opfer von Hunger, herannahenden Autos oder brutaler Gewalt

[96] Entnommen aus dem Bericht von M. Brekenkamp: „Europas Pferde-Hölle", in: BILD-Zeitung, 21.10.2013, 14:26 Uhr

werden. So viele von ihnen werden geschlagen, eingesperrt, ein Leben lang an der Kette gehalten und misshandelt. Wie oft fand ich in Spanien schon Hunde und Katzen, denen man die Augen ausgestochen, die Schwänze oder die Ohren abgeschnitten hatte. Von den Tiertötungsstationen, den ‚Perreras', in denen jedes Jahr Hunderttausende Tiere teils bei lebendigem Leib verbrannt werden, ganz zu schweigen. Letztes Jahr beendeten wir mit dem ETN e.V. ein Hundemassaker in Rumänien, wo man circa dreihundert Hunden pro Tag mit dem Spaten den Schädel einschlug. Seit 2004 sind in Rumänien circa zehn Millionen (!) Straßenhunde auf brutale Weise ermordet worden. Ginge es um Menschen, würde man hier sicher von ‚Völkermord' sprechen. In Ungarn und Polen kommen Tausende Welpen zu Tode, die als billige ‚Wühltischware' im Akkord gezüchtet und viel zu früh von ihren Müttern weggerissen werden, um sie auf Wochenmärkten in Deutschland zu verhökern. Immer wieder suchen wir nach Ursachen, warum Menschen Tiere so grausam behandeln. Und tatsächlich findet man in der katholischen Kirche eine Ursache für den schlimmen Umgang mit Tieren. Die katholische Kirche spricht Tieren nämlich eine Seele und Anspruch auf Fürsorge ab. Sie degradiert sie damit zu einer gefühllosen Sache, und genauso werden die Tiere dann oft auch behandelt. Deshalb fordern wir ‚unseren' deutschen Papst, der eigentlich eine andere Herzensbildung in Bezug auf Tiere haben sollte, immer wieder dazu auf, endlich anzuerkennen, dass Tiere Teil der Schöpfung sind und selbstverständlich eine Seele haben. Würde er dies in nur einem Satz in seiner ‚Urbi & Orbi'-Rede sagen und seinen Priestern als Botschaft mit auf den Weg geben, dann könnte er Millionen Tieren das Leben retten. Wenn er wollte. Leider haben sich weder der Papst noch die vom ETN e.V. angeschriebenen sechszehn Bistümer in Deutschland zur Zusammenarbeit beim Tierschutz bereit erklärt und sich auch nicht zum Wohle der Tiere geäußert. Stattdessen erhielten wir die Antwort aus dem Vatikan: ‚In der katholischen Kirche haben Tiere keinen Platz'. Ein Satz wie ein Faustschlag und das Todesurteil für

Millionen von Tieren. Möglicherweise hätten Tiere einen anderen Status, wenn sie Kirchensteuer zahlen würden.

Wenn ich in die Augen meiner Hunde schaue, die ich alle zehn aus den Fängen brutaler Tierquäler gerettet habe, dann weiß ich ganz bestimmt, dass sie eine Seele haben. Bei manchen Menschen bin ich mir jedoch nicht so sicher.

Herzlichst Ihre
Maja Prinzessin von Hohenzollern
ETN-Botschafterin"[97]

Auch in vielen anderen osteuropäischen und südlichen Ländern werden Hunde und Katzen nicht nur brutal erschlagen, sondern mit Säure übergossen, vergiftet oder lebendig verbrannt. „Alle diese Länder sind katholisch/orthodox, und darin sehe ich auch eine der Hauptursachen für den furchtbaren Umgang mit Tieren dort."[98] Wenn das Ergebnis der Bemühungen der Maja von Hohenzollern lediglich in der lebensverachtenden Aussage „In der katholischen Kirche haben Tiere keinen Platz" besteht, dann kann diese Kirche keinen Platz mehr bei all den Menschen haben, die sich für Gottes Schöpfung stark machen und einsetzen.

---

[97] Interview 2011, siehe Internet Quelle 1

[98] Interview mit Maja, Prinzessin von Hohenzollern, siehe Inh.-Verz. Quelle 3

F Deutschland – Kein Aushängeschild für Tierethik

Die Krone der Schöpfung als Folterbestie

Auch wir haben unsere kirchlichen Feste mit Schlachten, Jagen und Quälereien, wenn auch nicht so viel und so massiv wie in den südlichen Ländern. Über die in ganz Deutschland gefeierten, verlogenen Hubertusmessen habe ich bereits berichtet. Und es gibt auch bei uns Tierquälereien, die man durchaus als brutal oder sogar als pervers bezeichnen muss. Ich fange mit einem Ereignis aus meiner eigenen Umgebung an. Im Landkreis Cuxhaven findet am Nordseestrand beispielsweise das alljährliche Duhner Wattrennen statt, das in den Medien allgemein als besonders brutales Pferderennen bezeichnet wird. Dieses vom Veranstalter harmlose „Pferderennen auf dem Meeresgrund" ist jedoch untrennbar mit Schmerzen, Panik und Zwang zu Höchstleistungen der Pferde verbunden. Riemen, Peitschenschläge und schmerzhafte Zäumung sollen die Tiere bei diesen Trab- und Galopprennen gefügig machen. Wenn solche Veranstaltungen von den Organisatoren auch noch als Vergleich mit der grausamen Stierhatz in Pamplona beworben werden, zeigt dies den nicht gerade tierfreundlichen Geist dieser Veranstalter. Und die aus diesem „Spaß" erwirtschafteten Einnahmen zählen grundsätzlich mehr als das den Pferden zugemutete Leid. Die NORDSEE-ZEITUNG Bremerhaven berichtet am 06.02.2016, dass die Tierrechtsorganisation PETA Deutschland Strafanzeige bei der Staatsanwaltschaft wegen Quälerei der Pferde erstattet hat. PETA selbst bestätigt in einem Internet-Update, Stand Januar 2016, die Anzeige unter Vorlage von hochauflösenden Fotos als Beweis. Der Oberstaatsanwalt habe mitgeteilt, dass Anhaltspunkte für Tierquälerei vorlägen. Der renommierte Pferdeexperte und Veterinärmediziner Dr. Gerd Heuschmann bezeichnet das Rennen als „jenseits der Grenze des Akzeptablen" und meint: „Die Zäumung auf den Fotos ist als absolut tierschutzwidrig zu bewerten.

Bild 15: Besonders schmerzvolles Zaumzeug für das Duhner Wattrennen

Hier findet mechanische Kontrolle der Tiere unter Gewalteinwirkung statt. Als Pferde-Experte halte ich diese Zäumung für nicht tolerierbar." Auch andere Experten erklären das Zaumzeug (sog. Zungenbänder) als pure Tierquälerei, zumal auch noch die Zunge bei manchen Pferden am Unterkiefer festgebunden wird und durch die Abschnürung dunkelblau anläuft. Zusätzlich üben Kinnketten und Nasenriemen starken Zug auf die empfindlichen Mundwinkel sowie den Unterkiefer aus und drücken auf die Zunge, den sehr empfindlichen Gaumen sowie den Nasenrücken. Daneben werden den Pferden Zugwatten angelegt, das sind Ohrenstöpsel aus Watte mit Lederüberzug, die keine Außengeräusche zulassen. Diese werden dann kurz vor dem Ziel über zwei Leinen gezogen, und die dabei entstehende, plötzlich laute Geräuschkulisse soll das Pferd durch Panik noch einmal besonders antreiben. Trotz all dieser körperlichen Schmerzen und der bewusst erzeugten Panik dürfen sie laut Rennordnung mit der Peitsche auch noch bis zu dreimal geschlagen werden. Hauptsache, das Volk hat Brot und Spiele.

Am 14.04.2016 berichtet die NORDSEE-ZEITUNG über eine frohe Kunde aus dem Landwirtschaftsministerium, wonach das Duhner Wattrennen zwar weiter stattfinden darf, aber auf Hilfsmittel wie Ohrenstöpsel und Zungenbänder verzichtet werden muss. Das ist wenigstens ein Teilerfolg.

Individuelle Quälereien, pervers und zynisch

Kommen wir zu den individuellen Quälereien, die ich aufgrund ihrer Vielzahl nur beispielhaft wiedergeben kann. Deutschlands größte Tierrechtsorganisation PETA hat eine Tierquälerchronik für die letzten Jahre aufgestellt, die man zunächst gar nicht glauben kann, weil man sich in einer gebildeten, zivilisierten Kultur wähnt. Hier nur einige von Hunderten Beispielen, die PETA unter der Überschrift „Tiere geschlagen, angezündet, verstümmelt: eine Chronik"[99] veröffentlicht hat.

> Oktober 2012 / NORDRHEIN-WESTFALEN: In Steinheim schießt ein unbekannter Tierquäler einer Katze mehrere Metallklammern in den Kopf. Die Katze erleidet schwere Verletzungen an Gesicht und Auge. Das verletzte Auge muss vermutlich herausoperiert werden.
> Quelle: www.swp.de, 30. 10. 2012
>
> Oktober 2012 / NIEDERSACHSEN: In Kührstedt verbrennen Jugendliche einen Igel bei lebendigem Leib und filmen die grausame Tat mit einer Handykamera. Gegen den bereits bekannten Haupttäter wird Anzeige erstattet.
> Quelle: www.berliner-kurier.de, 15. Oktober 2012
>
> 15. November 2012 / NORDRHEIN-WESTFALEN: In Steinfurt fügt ein unbekannter Tierquäler drei Stuten so schwere Verletzungen im Genitalbereich zu, dass sie ihre ungeborenen Fohlen verlieren.
> Quelle: www.wn.de, 19. November 2012

[99] http://www.peta.de/tierquaelereichronik#.VtlMhhJqOHh, Stand Juni 2014

Januar 2013 / SACHSEN: Im ostsächsischen Haselbachtal schießt ein Tierquäler einer Katze Stahlnägel in den Kopf. Zwei Nägel steckten der Katze im Kopf, wobei einer komplett versenkt war. Eine 63-Jährige fand die entkräftete Katze und verständigte die Polizei. Die Katze wurde operiert und befindet sich auch danach noch in tierärztlicher Obhut.
Quelle: nachrichten.t-online.de, 10. Januar 2013

07. Juni 2013 / NIEDERSACHSEN: In Gifhorn bindet ein unbekannter Täter einer Dobermannhündin die Beine zusammen und verbindet Maul und Nase mit Klebeband. Die geknebelte Hündin wirft er in einen See, in dem sie ertrinkt.
Quelle: www.bild.de, 08. Juni 2013

3. August 2013 / NORDRHEIN-WESTFALEN: In Rösrath quält ein unbekannter Täter eine junge Katze und vergräbt sie. Nach zwei Tagen kann sie sich freikämpfen und findet geschwächt und ausgemergelt ihren Weg nach Hause. Die Halter bringen das Tier umgehend zum Tierarzt. Neben offensichtlichen Verletzungen wie dem mit Lehmerde verklebten Fell, zersplitterten, abgebrochenen Krallen und einer Wunde am Schwanz, stellt der Tierarzt zudem anale Verletzungen fest.
Quelle: www.ksta.de, 8. August 2013

September 2013 / NIEDERSACHSEN: Ein Unbekannter mischt in Uenzen Eisennägel unter das Futter von Kühen. 29 Kühe sterben. Außerdem schlägt er den Hund, der auf dem Hof lebt, sodass dieser schwere Kopfverletzungen erleidet.
Quelle: www.wochenblatt.de, 15.09.2013

16. November 2013 / SACHSEN: In Hoyerswerda spießen Unbekannte einen Igel auf einem Zaunpfahl auf. Als die Polizei am Tatort eintrifft, lebt der Igel noch. Ein herbeigerufener Tierarzt muss ihn erlösen.
Quelle: www.focus.de, 17.11.13

23. Januar 2014 / HESSEN: In Rodenbach prügelt ein junger Mann einen Hund zu Tode. Nachbarn hören das Winseln des Tieres und alarmieren die Polizei. Obwohl eine Streife den Schäferhund beschlagnahmt und ihn sofort in eine Tierklinik bringt, stirbt der Hund.
Quelle: http://www.t-online.de, 24.01.14

11. März 2014 / MECKLENBURG-VORPOMMERN: In Neubrandenburg entdecken Mitglieder der Rettungshundestaffel einen Hund, der abgemagert und stranguliert an einem Pfahl angebunden ist. Der Hals des Schäferhund-Mischlings war von seinen Befreiungsversuchen aufgerissen. Das Tier muss bereits etwa drei Wochen an Hunger gelitten haben. PETA setzt eine Belohnung für Hinweise auf den Täter aus. Dieser wird ermittelt und muss sich vor Gericht verantworten.
Quelle: http://www.nordkurier.de, 13.03.14

April 2014 / NORDRHEIN-WESTFALEN: Bei Salzkotten-Scharmede zünden Unbekannte eine Katze bei lebendigem Leibe an. Der Spurenlage zufolge muss sich das brennende Tier noch über die Straße geschleppt haben. Die Katze stirbt qualvoll.
Quelle: http://www.shortnews.de, 18.04.14

08. Mai 2014 / HESSEN: In Haiger-Allendorf werden vier Mutterlämmer auf grausame Weise getötet. Ein unbekannter Täter führt Stöcke in die Tiere ein, die teilweise bis in die Leber reichen.
Quelle: http://www.mittelhessen.de, 12.05.14

Mai 2014 / NORDRHEIN-WESTFALEN: In Sankt Augustin werden mit Nägeln und Rasierklingen gespickte Köder ausgelegt. Zwei Hunde essen von den Ködern. Eine Hündin muss operiert werden, um keine inneren Verletzungen davonzutragen.
Quelle: www.bild.de, 12.02.14

Das waren nicht einmal zehn Prozent der von PETA veröffentlichten Quälereien. Auch in anderen Pressemitteilungen habe ich Hunderte von Berichten über widerliche Tierquälereien in Deutschland gefunden, die sich alle ähneln. Die häufigsten immer wieder gemeldeten Misshandlungen sind hier kurz zusammengefasst:

Haustiere werden lebendig in Mülltonnen geworfen. Hunde und Katzen lebendig verbrannt oder mit Säure übergossen. Mit lebenden Igeln spielt man Fußball, Pferden und Eseln werden schwere Schnittwunden zugefügt, immer wieder auch im Genitalbereich. Katzen oder Hunde werden mit zusammengebundenen Beinen oder mit Stein um den Hals in Flüsse geworfen. Ihnen werden Beine abgehackt oder Augen ausgestochen. Schafen werden auf Weiden immer wieder die Kehlen durchgeschnitten, man findet sie am anderen Tag elend verblutet auf. Köder mit Rattengift, versteckten Nägeln oder Rasierklingen sorgen bei Hunden für innere Verletzungen mit kaum zu beschreibenden Schmerzen.

7 Tierzucht und Aufzucht als Massenquälerei

Produktionsmaschine Nutztier

Wenn man die industrielle Massentierhaltung sieht und bewusst wahrnimmt, was dort geschieht, kommt man zu der Frage, ob Descartes mit seiner Gleichsetzung von Tieren und Maschinen in diesem Zusammenhang nicht doch Recht hatte, auch wenn er es anders gemeint hat. Oder genauer betrachtet: Ist es nicht der heutige Mensch, der die Tiere zu Maschinen gemacht hat? Spätestens bei der Betrachtung von Zuchtfabriken, Massenställen oder Schlachtfabriken wird uns bewusst, dass das Tier vom individuellen Lebewesen und Teil der Schöpfung zum industriellen Massenprodukt degradiert wurde, wenn man sich allein einige Zahlen anschaut: 99 Prozent der Hühner und Schweine in den USA, die geschlachtet werden, stammen aus unzumutbarer Massentierhaltung. In Deutschland sind es „nur" etwa 97 Prozent.

Jedes Jahr werden weltweit 60.000.000.000 (in Worten: Sechzigmilliarden) Landtiere zu unseren „Nutzen" umgebracht. Die meisten davon haben nie Tageslicht oder eine Wiese gesehen. Sie stillen nicht den Hunger der Massen – im Gegenteil: Das Ganze stellt einen „Wahnsinn globalen Ausmaßes dar: Sie sind für den Hunger auf der Welt mitverantwortlich, verschlimmern das ökologische Ungleichgewicht und schaden der menschlichen Gesundheit."[100] Die christliche Lehre von der Unsterblichkeit der menschlichen Seele scheint jede grausame Quälerei zu legitimieren. Die Industrialisierung von Ackerbau und Viehzucht dient nicht nur der Ernährung der ständig wachsenden Weltbevölkerung, sondern hauptsächlich der Gewinnmaximierung der Konzerne, sorgten für eine jenseits von ethisch-moralischen Grundsätzen liegende Massentierhaltung, in der man Tiere nur noch als Fleischproduzenten und nicht mehr als Mitgeschöpfe sieht. Ihr Wert ist einzig ein Nutzwert, der in Tonnen gewichtet wird.

Eier von glücklichen Hühnern?

Sollten wir den Masthähnchen eine längere Lebenszeit als fünf Wochen wünschen, wenn sie einen Quadratmeter „Wohnfläche" mit 24 anderen Leidensgenossen teilen müssen? Oder wenn nach anderen Berichten zwei Hühner auf dem Platz einer DIN-A4-Seite zusammengepresst werden und bewegungslos dahinvegetieren müssen? Dabei werden sie so überfüttert, dass ihr Fleisch schneller wächst als ihre Knochen und sie damit ständig unter Schmerzen stehen. Um möglichst schnell Schlachtgewicht zu erreichen, kennt die Perversität kei-

[100] Ricard, S. 17

ne Hemmschwelle, wenn sie durch besondere Zuchtmaßnahmen das Sättigungszentrum im Gehirn ausschaltet. „Ihre Füße können den schweren Körper nicht mehr tragen, manche Tiere schaffen den kurzen Weg zum Futtertrog oder zur Tränke nicht mehr. Rund drei Millionen Tiere sterben jährlich während der Mast. Nachdem die überlebenden Tiere beispielsweise durch „Geflügelfangmaschinen" eingefangen und verletzt wurden und den grausamen Transport überstanden haben, steht ihnen die Schlachtung bevor. Diese beendet bei völlig unzureichender Betäubung ein elendes Leben voller Qualen."[101] Da männliche Küken für die Eier- oder Hühnchenindustrie wertlos sind, werden allein in Deutschland jedes Jahr ca. 40 Millionen vergast oder bei lebendigem Leib auf riesigen Laufbändern in die Trichter der Schreddermaschinen geworfen. Es sind nutzlose Nutztiere, die man sofort wiederloswerden will. Die Tierrechtsorganisation PETA berichtet mit Stand von Mai 2016 über ein Urteil des Oberverwaltungsgerichtes Münster, dass es kein behördliches Verbot des Schredderns von Küken geben werde. Ein Todesurteil für Millionen von Küken.

Bild 16: Mastbetrieb (Bodenhaltung)

Viele Menschen wissen nicht, wollen nicht wissen oder verdrängen einfach, dass die Eierproduktion mit großen Qualen für die fast 40

[101] Drewermann, S. 26

Millionen Legehennen in Deutschland verbunden ist, die jährlich bis zu 11 Milliarden Eier legen müssen. Für eine solche Massenproduktion werden sogenannte Hybridhühner eingesetzt, eine Rasse, die durch Kreuzung von zwei Inzuchtlinien auf eine Legeleistung von 275 Eiern pro Jahr optimiert wurden. Zum Vergleich: Die Vorfahren unserer Haushühner legten wie andere Vögel auch zur Fortpflanzung bis zu 20 Eier im Jahr. Durch die Verabreichung von Stresshemmern, Antibiotika, durch gezielte Züchtung und die Gabe von Hochleistungsfutter konnte die Produktivität oftmals sogar auf weit über 300 Eier im Jahr gesteigert werden. Für den Nachwuchs von „Produktionsmaschinen" sorgen sogenannte Elterntierfarmen, in denen die Elterntiere in viel zu engen Ställen qualvoll im eigenen Kot stehend ständig für Nachschub sorgen. Lässt die Produktion befruchteter Eier aus Krankheitsgründen oder Körperschwäche nach, wandern die Tiere in den Schlachthof. Nichts ist mehr so, wie es die Natur vorgesehen hat. Die Legehennen dürfen aufgrund zu geringer Wirtschaftlichkeit ihre Eier nicht selber ausbrüten. Stattdessen werden sie in Kisten verpackt, in riesigen Brutstationen bei absolut konstanter Temperatur ausgebrütet, bis die Küken fern von ihren Müttern in Massen das Licht der Welt erblicken. Sofort werden sie auf ein Förderband gekippt und von Fachpersonal nach Geschlecht sortiert. In Deutschland landen bis zu 50 Millionen Eintagsküken, weltweit ca. 2,5 Milliarden, jährlich auf dem Müll.

Bild 17: Aussortierte männliche Küken

Allerdings erwartet auch die weiblichen Küken nicht gerade ein schönes Hühnerleben: Zuerst werden die empfindlichen Schnabelspitzen abgeschnitten, dann kommen sie zum Transport in die engen Legebatterien, wobei sie wieder sortiert werden – je nachdem, ob sie später Eier der Klassen 3 (Käfighaltung), 2 (Bodenhaltung), 1 (Freilandhaltung) oder 0 = Biohaltung produzieren sollen. Die Eier der Gruppe 3 landen in Fertiggerichten und Nudeln. Die Hennen leben in Käfigen zu meist 60 Tieren mit nur einem Platz zur Eiablage und einer Lebensfläche von gerade einmal einem DIN-A4-Blatt auf Drahtgitterböden, die oft schwere Schmerzen an den Fußballen der Tiere verursachen. Aber auch in der Bodenhaltung der Gruppe 2 treten sich die Hühner gegenseitig und rupfen sich aus Frust die Federn raus. Und selbst die Freilandhaltung der Gruppe 1 verspricht nicht das, was man allgemein darunter versteht. Zwar haben die Hühner die Möglichkeit, sich aus dem Stall nach draußen zu bewegen, doch meistens verzichten sie darauf, weil es draußen absichtlich keine Bäume, Büsche und schützende Dächer gibt. Hühner sind Fluchttiere und haben instinktiv Angst vor Feinden aus der Luft. Wenn sie nirgends Schutzmöglichkeiten sehen, bleiben sie lieber in der Halle mit bis zu 30.000 Hühnern, in dem sie in ihren eigenen Fäkalien stehen. Um bei diesen Lebensbedingungen nicht krank zu werden, bekommen sie Antibiotika und andere Medikamente, von denen wir dann auch noch die „Nutznießer" sind.

Bild 18: „Bio"-Hühnerfarm in Twistringen mit Wunden und federloser Haut

Viele Verbraucher unterliegen der Illusion, dass wenigstens die Bio-Hühner mit der Nummer 0 ein glückliches Leben auf der grünen Wiese verbringen. Solche Ausläufe sind wie bei der Freilandhaltung zwar garantiert, werden aber bei „schlechten" Witterungsverhältnissen geschlossen. Sechs Tiere müssen sich bei dieser ökologischen Eiererzeugung im Stall mit mehreren 1000 Leidensgenossinnen einen Quadratmeter teilen. Ferner picken sie sich auch hier blutig und werden in den gleichen Fabriken unter den gleichen Stress-Symptomen und Schmerzen geschlachtet wie die Tiere aus anderen Haltungssystemen. „Nach gut einem Jahr lässt die Legeleistung nach und die Henne – egal, aus welchem Haltungssystem – wird damit unwirtschaftlich und endet im Schlachthaus. Beim Einfangen der Tiere gehen die Fänger meist äußerst brutal vor. Mehrere Hennen werden in einer Hand an den Füßen gepackt und kopfüber in Kisten gestopft. Bei der groben Handhabung brechen oftmals Flügel und Beine der Tiere. Sollte eine Henne im Weg der Fänger sitzen, wird sie oft mit den Füßen weggetreten. Die Fahrt zum Schlachthaus verbringen die Tiere in engen Kisten, bei jeder Witterung, ohne Futter und Wasser. Im Schlachthaus werden die Hennen an den Füßen kopfüber aufgehängt und anschließend mit dem Kopf durch ein Strombad gezogen, das sie betäuben soll. Danach folgt der tödliche Schnitt durch die Kehle, den viele Tiere aufgrund unzureichender Betäubung bei Bewusstsein miterleben müssen."[102]

Schweine – das Leid der Mütter, die Qual der Kinder

Jemanden als „dummes Schwein" zu bezeichnen, ist einerseits beleidigend für den Angesprochenen, andererseits aber auch für das Schwein selbst. In wissenschaftlichen Versuchen konnte nachgewiesen werden, dass Schweine genauso intelligent sind wie Hunde und mit ihren kognitiven Fähigkeiten sogar mit Menschenaffen mithalten können. Sie waren in der Lage, mit einem Joystick in der Schnauze an einem Monitor die gleichen Aufgaben zu lösen wie die Primaten.

[102] S. Inh.-Verz. Quelle 18

Bild 19 und 20: Geschundene Schweine einer Mastanlage in Bremen und ein seltenes Bild: Glückliche, gesunde Schweine in einer Außenanlage

Jedes höhere Wirbeltier ist ein Individuum, auch jedes einzelne Schwein von den fast 60 Millionen, die Jahr für Jahr in den Schlachtfabriken landen, nachdem sie ein schmerzvolles und unwürdiges Leben in den Ferkelaufzuchtbetrieben sowie den nachfolgenden Schweinemastanlagen geführt haben.

Stellen wir uns einmal vor, wir Menschen müssten ein Leben lang auf einem halben Quadratmeter dahinvegetieren, mit ständiger Angst, auf den Nachbarn zu treten oder von diesem beim Schlaf verletzt zu werden, weil man bei jeder Bewegung seinen Artgenossen trifft. Wirtschaftlichkeit geht immer vor Tierschutz, deshalb sorgt eine starke Lobby der Tierhalter, Tiertransportunternehmer und Schlachtfabriken dafür, dass die Politik möglichst keine Verbesserungen beschließt. Wer von den Millionen Billigfleischkonsumenten kennt die Lebensumstände einer Zuchtsau, die in Metallgittern eingequetscht und bewegungsunfähig ein erbärmliches Leben fristet? Sie hat nur die eine Aufgabe: möglichst viele Ferkel für die Fleischindustrie zu produzieren und kurzzeitig zu säugen. „Für die künstliche Besamung wird dieses intelligente und reinliche Tier in einen Kastenstand gesperrt, in dem sie sich nicht einmal umdrehen kann. In diesem wird sie dann bis

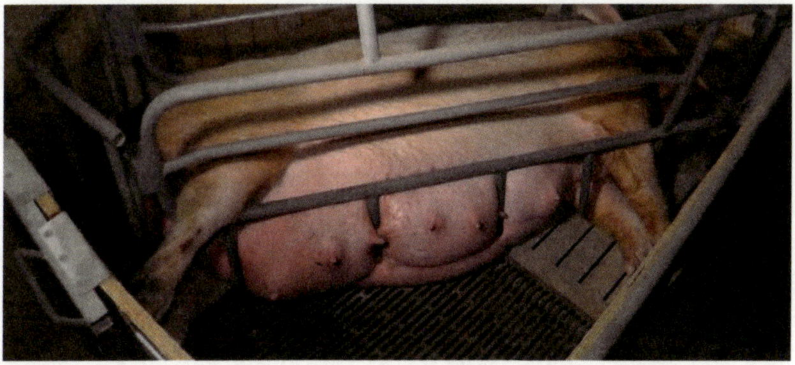

Bild 21: Die Muttersau soll nur säugen, ohne Kontakt zu ihren Kindern

zu vier Wochen nach der Besamung gehalten – und muss tagein, tagaus am selben Fleck stehen, liegen, essen, koten und urinieren. Danach folgen Wochen in einer kargen Gruppenbucht, die Füße schmerzen vom harten Spaltenboden. Wegen Langeweile, Stress und Rangkämpfen verletzen sich die Tiere oft gegenseitig. Kurz vor der Geburt wird die Sau dann in eine sogenannte Abferkelbucht gesperrt. Erneut ein Metallkäfig, der es ihr nicht erlaubt, sich umzudrehen. Die Tierindustrie verteidigt diese Quälerei; sie diene als Schutz für die Ferkel, die sonst von der Mutter erdrückt würden. In Wahrheit steckt Arbeitserleichterung und Wirtschaftlichkeit, also Profit, dahinter. Denn in der freien Natur, mit genügend Platz, erdrückt eine Mutter ihre Ferkel nicht."[103] Die hochschwangeren Sauen können sich nicht bewegen, da ihnen die dicken Metallstäbe in die Bäuche drücken. Sie bleiben sogar während der Stillzeit in dieser Lage, da sie nur als Milchmaschine funktionieren sollen – somit können sie als Mütter keinerlei Bindung zu ihren Ferkeln aufbauen. Da die Sauen pro Wurf immer mehr Ferkel produzieren müssen, steigt auch die „Ausschussware", das heißt, es werden auch immer mehr schwache Tiere produziert, die entweder kurz nach der Geburt sterben oder von den

[103] www.peta.de/schweineleben-in-deutschland#.VsrbKRJqOHg

Bediensteten getötet werden. In der Denkweise der Fleischproduzenten entsorgen sie nur „unwertes Leben", teilweise auch lebendig im Müll, da sie unwirtschaftlich sind und in der vorgesehenen Zeit nicht schnell genug Fleisch produzieren, eventuell sogar noch Tierarztkosten verursachen können.

In den Kalkulationen sind solche Verluste eingeplant. „Wenn eine Sau nicht mehr schwanger wird, zu wenige Ferkel auf die Welt bringt oder krank wird, dann wird sie zum Schlachter transportiert. Nach etwa drei bis vier Jahren endet das entbehrungsreiche ‚Leben' schließlich am Schlachterhaken, und ein Lebewesen wird zu billiger Wurst oder Hundefutter verarbeitet. Kein Tierarzt, kein Kontrolleur, kein Mensch, der Zutritt zu dieser Anlage hatte, hat sich für ihr Leid interessiert."[104] Die als Fleischlieferanten gemästeten Schweine kommen aus der Massentierhaltung nach qualvollem Transport direkt in die Schlachtfabrik, wo sie genauso wie die Rinder nach einem entbehrungsreichen Leben auch noch einen grausamen Tod erleben. Da aufgrund der Schnelligkeit des Schlachtens die Betäubung nicht immer funktioniert, erleben circa eine halbe Million Schweine an Ketten hängend den Kehlenschnitt bei vollem Bewusstsein und sterben erst nach unsäglichen Qualen im heißen Brühbad. Die Tierrechtsorganisationen haben erschütternde Undercover-Videos hergestellt, in denen die nur halbbetäubten brüllenden und schreienden Tiere zu sehen sind. Für einen normal sensiblen Menschen ist das nicht zu ertragen. Vielen Betrachtern würde das fertiggebratene, verpackte Schweineschnitzel zum Billigpreis im Halse stecken bleiben.

---

[104] www.peta.de/schweineleben-in-deutschland#.VsrbKRJqOHg

Kühe – Leiden für den Profit

Die Kühe werden an kurze Ketten gebunden, sodass sie sich kaum bewegen können. Die Kälbchen nimmt man den Müttern meist bald nach der Geburt weg, was diese zu bloßen Gebärmaschinen für die Produktion kleiner Kälbchen degradiert. Die Tierbabys vegetieren dann gesondert vor sich hin, bis sie im Kleinkindalter ihre erste und letzte Reise antreten: zum Schlachthof. Die anderen werden zu Leistungsmaschinen für die Milchproduktion herangezogen.

Todesangst im Mutterleib

Nach Schätzungen der Bundestierärztekammer sterben in deutschen Schlachthöfen jährlich etwa 180.000 Kälber in einem minutenlangen Todeskampf qualvoll im Mutterleib, wo sie langsam ersticken, während die Mütter an der Schlachtkette hängend ausbluten, wobei das Kalb im Mutterleib die ganze Zeit die Todesangst seiner Mutter spürt, wie eine Studie des Friedrich-Loeffler-Instituts beweist:

> „Sobald die Kehle der Mutter durchgeschnitten wird, ist seine Sauerstoffzufuhr unterbrochen und der minutenlange Todeskampf des ungeborenen Kalbes beginnt. Qualvoll und langsam stirbt es im toten Körper seiner Mutter. Anschließend wird es aus ihrem Körper herausgeschnitten und wie Abfall im Müllcontainer entsorgt. Seine Mutter, die zuvor jahrelang Milch geben musste, wird nun zu billigem Rindfleisch verarbeitet."[105]

PETA nennt etliche Gründe, warum dieses hunderttausendfache Leid nicht verhindert wird. So dürfte wohl der Hauptgrund darin liegen, dass in der Gesellschaft die sogenannten Nutztiere als reine Lieferanten für Fleisch, Milch und Eier gesehen werden. „Für den Landwirt stellen diese Tiere reine Wirtschaftsgüter dar, die ähnlich wie Autos

---

[105] PETA, Inh.-Verz. Quelle 7

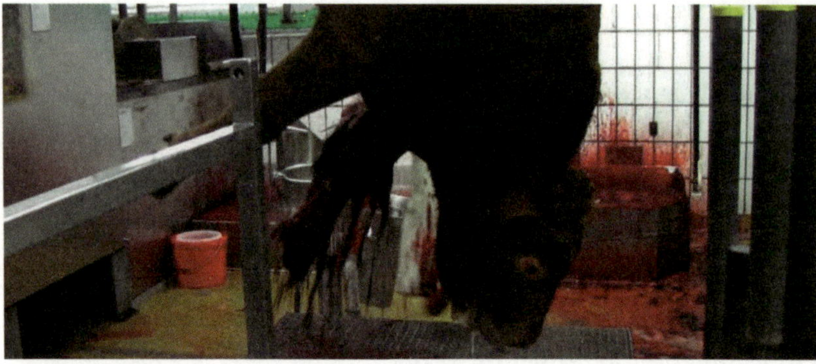

Bild 22: Sterben eines Muttertieres im Schlachthaus. Das Kälbchen spürt bis zuletzt den Todeskampf der Mutter

entsorgt werden, wenn beispielsweise ihre tierärztlichen Behandlungskosten den ‚wirtschaftlichen Wert' übersteigen oder wenn sie nicht mehr die Leistung erbringen, die für den Landwirt rentabel ist. Kurz gesagt: Ist das Tier krank oder lässt die Leistung nach, folgt meist der Tod im Schlachthaus, um wenigstens noch ein paar Euro zu bekommen."[106] Und wie wir oben gesehen haben, spielt es dabei auch keine Rolle, ob die Kühe trächtig sind. Es ist allgemein bekannt, dass Kühe nur nach der Geburt eines Kalbes Milch geben, wobei die Milchleistung im Laufe der Zeit natürlicherweise abnimmt. Daher werden sie jedes Jahr erneut künstlich besamt. Da diese Leistungssteigerung meist nicht reicht, wird ihnen durch verschiedene Maßnahmen eine unnatürlich hohe Milchleistung angezüchtet. Während das Kalb täglich 10 Liter Milch benötigt, werden Hochleistungskühen bis zu 50 Liter abgemolken. „Diese hohe Milchleistung, verbunden mit nicht artgerechten Haltebedingungen auf kotbedeckten Spaltenböden und der Fütterung von nicht artgerechtem Hochleistungsfutter, führen zu systembedingten Krankheiten."[107] Diese sind neben Euterent-

[106] Ebda

[107] PETA, Inh.-Verz. Quelle 7

zündungen vor allem Stoffwechselerkrankungen, Fruchtbarkeitsstörungen, und aufgrund der Dauerschwangerschaften werden sie meistens nicht älter als fünf Jahre. Die Bauern haben dann wegen des damit verbundenen zwangsläufigen Leistungsabfalls keine Skrupel, sie in dieser sensiblen Zeit in den Schlachthof zu bringen und gar nicht erst auf die Geburt des Kälbchens zu warten. Es ist zwar verboten, hochschwangere Tiere zu transportieren, doch das geschieht nach dem Motto „Wo kein Kläger, da kein Richter". In der Landwirtschaft geht man mit Gesetzen meistens sehr großzügig um. Wie solche Transporte aussehen, erfahren wir im nachfolgenden Kapitel.

Tiertransporte – Vorletzte Qual eines freudlosen Lebens

Innerstaatliche Tiertransporte zu einem Schlachthaus dürfen laut Verordnung nicht länger als acht Stunden dauern. Diese Regelung wird aber kaum eingehalten, da es zahlreiche Ausnahmen gibt und Kontrollen eher selten stattfinden. Recherchen von Tierrechtsorganisation zeigen, dass Tiere oft tagelang durch ganz Europa transportiert werden. Sobald man die EU verlässt, gelten die Verordnungen ohnehin nicht mehr. Viele Tiere sterben einen langsamen und qualvollen Tod, wobei hierfür nicht die Dauer der Transporte allein verantwortlich ist. Verletzungen wie Beinbrüche, Quetschungen und Tod kommen aufgrund der Bewegungsunfähigkeit der Tiere auch schon auf kurzen Strecken vor.

Die meisten Todestransporte gehen durch ganz Europa, mit halbverdursteten, oft schwer verletzten und angstbesetzten Tieren, die man mit Elektroschocks, Mistgabeln und Knüppeln auf engsten Raum in die Lkw zwingt, wo sie stundenlang mit gebrochenen Gliedern und Angstschweiß bedeckt Körper an Körper im eigenen Kot stehen. Es handelt sich um ein Milliardengeschäft, da darf man nicht zimperlich sein – vor allem, wenn auch noch zusätzlich Gelder aus Brüssel oben draufkommen. Nach wie vor genehmigen Politiker diese moralisch

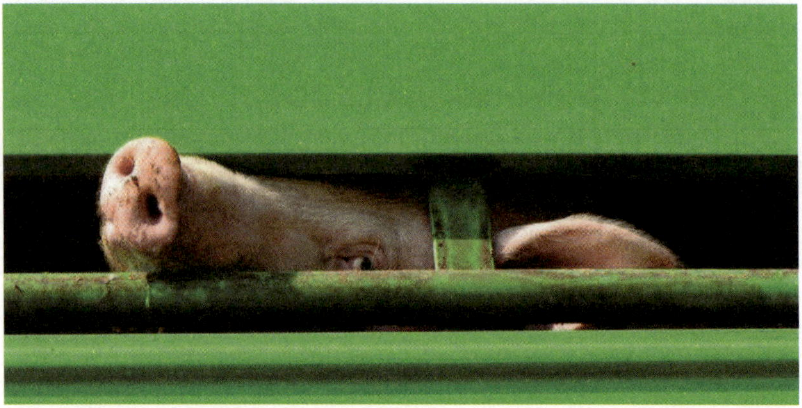

Bild 23: Dieses Schwein sieht zum ersten und einzigen Mal Tageslicht und atmet frische Luft, bevor es im Schlachthof endet

nicht vertretbaren Transporte. Es wird nicht hinterfragt, da es schließlich Gutachten gibt, die solche Fahrten als „artgerecht“ einstufen. Ob es dabei immer mit rechten Dingen zugeht? Und rechtfertigen die enormen Gewinne aus dieser Quälerei nicht auch noch die Übertretung von solch unzureichenden Vorschriften, da ohnehin nur selten kontrolliert wird und selbst die Kontrollen noch manipuliert werden können? Viele Tiertransporte werden nachts organisiert, da im Dunkeln weniger kontrolliert wird und weniger Menschen die Schreie der zusammengequetschten Tiere hören. Aus Informationssendungen verschiedener Fernsehanstalten kennen wir die angsterfüllten Augen der Rinder und Schweine, wenn sie zu ihrem letzten Gang transportiert werden. Die meisten sehen zum ersten Mal durch die schmalen Luftschlitze im Transporter das Tageslicht, nachdem sie ein Leben mit künstlicher Beleuchtung in Stress und Leid in engen Boxen verbracht haben. Es mag zynisch klingen, wenn man anmerkt, dass sie auf der Fahrt zu ihrer Erlösung von einem solchen qualvollen Leben sind, wobei die Erlösung selbst auch noch eine Qual ist, wie wir nachfolgend erfahren.

Qualvolle Erlösung in der Todesfabrik

Ich habe als Kind noch erlebt, dass ein von der Bäckerei hinter unserem Haus gemästetes Schwein auf dem Hof geschlachtet wurde. Ein Metzger hatte es mit einem Bolzenschuss betäubt, nach dem Ausbluten der Länge nach aufgeschnitten und dann aufgeklappt auf eine Leiter gehängt. Das war damals die allgemein übliche Prozedur bei Bauern- und Hausschlachtungen. In diesem Zusammenhang erinnere ich mich an ein bekanntes Fadenspiel, das die Mädchen damals mit einer Partnerin gespielt haben. Die Fäden wurden mit zwei Händen und mehreren Fingern dem Spielpartner so übergeben, dass jedes Mal eine neue Figur entstand. Die einzige Figur, an die ich mich heute noch erinnere, war „Schweinchen auf der Leiter". Die Spiele hatten damals noch einen Bezug zu eigenen Beobachtungen und Erfahrungen in der Umwelt. Das hat sich mit der Entwicklung von Computerspielen gravierend geändert. Heute sprechen wir von Massenschlachtung, und die geht im Minutentakt, da ist nicht viel Zeit zu prüfen, ob ein Tier zuvor ordentlich betäubt wurde. Der Nobelpreisträger für Literatur, Isaak Bashevi Singer, ist Jude und sagte: „Für die Tiere ist jeder Mensch ein Nazi, für die Tiere ist jeder Tag Treblinka"[108]. Das Schlachten ist heute anonym, es findet unsichtbar und unhörbar hinter den Mauern statt. Die Arbeitsbedingungen für Menschen und die Tötungsbedingungen

Bild 24: Schlachten im Minutentakt

[108] Treblinka war das zuletzt errichtete KZ nordöstlich von Warschau. Es wurde zum größten nationalsozialistischen Vernichtungslager.

für Tiere werden geheim gehalten und gelangen nur durch Undercover-Recherchen ans Tageslicht (siehe unten). Wie viele Schlachtungen bei lebendigem Leibe passieren, weil die vorherigen vorgeschriebenen Betäubungen nicht funktionieren, wird statistisch nicht erfasst. Es gibt zwar Berichte darüber, diese schwanken aber zwischen 10 und 15 Prozent der geschlachteten Tiere, wobei die Dunkelziffer wesentlich höher liegen dürfte. Eine Schätzung der Albert-Schweitzer-Stiftung aus dem Jahre 2010 geht von jährlich 53 Millionen geschlachteter Schweine und Rinder allein in Deutschland aus. Nehmen wir nur geringe 10 Prozent schwach oder gar nicht betäubter Tiere an, dann werden über 5 Millionen von ihnen bei lebendigem Leibe geschlachtet und zerstückelt. Die bereits beschriebenen Tötungsmethoden bei Gänsen, Enten, Hühnern und Schafen sind dabei nicht mitgerechnet.

Nicht zu überhören sind die Todesschreie, das Brüllen sowie schmerzvolle Stöhnen und die nicht zu übersehenden Höllenqualen, schaut man in die Augen der Tiere. Und wenn die Verantwortlichen in diesen Schlachtfabriken sich damit herausreden, dass es sich nur um „vegetative Reflexe" handelt, stehen sie auf der Stufe des von mir mehrfach zitierten französischen Philosophen René Descartes (†1650), der Tiere mit empfindungslosen Maschinen vergleicht. Vom deutschen Philosophen und Soziologen Theodor W. Adorno stammt der Satz: „Auschwitz fängt da an, wo einer steht und denkt, es sind ja nur Tiere." Die im Minutentakt arbeitenden Schlachter belügen sich selbst und die Verbraucher. Denn sie erleben hautnah, dass die nicht richtig betäubten Tiere unsäglichen Qualen ausgesetzt sind, obwohl der Gesetzgeber verlangt (§ 3 Abs. 1 TierSchlV), dass bei ihnen „nicht mehr als unvermeidbare Aufregung, Schmerzen, Leiden oder Schäden verursacht werden". Wer entscheidet aber, wo die Grenze des Unvermeidbaren liegt? Auch hier gilt: „Wo kein Kläger, da kein Richter", und Tiere können nicht klagen, sie können nur schreien und stöhnen. In der Todeswarteschleife hören, riechen und sehen sie die Abschlach-

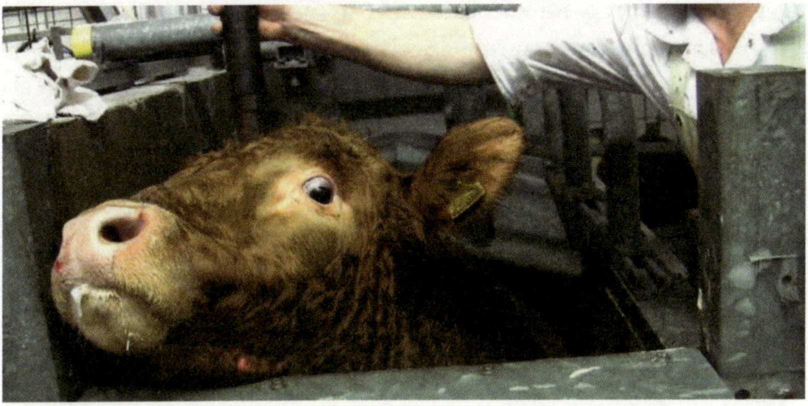

Bild 25: Todesangst eines Rindes beim Aufsetzen des Bolzenschussgerätes

tung ihrer Leidensgenossen oft mehr als eine Stunde lang – die pure Folter. Wenn der Leser nun glaubt, er gehe diesem Leid in den Schlachtfabriken aus dem Wege, indem er Bio-Produkte kauft, irrt er gewaltig. Nachgewiesenermaßen enden alle Bio-Verordnungen und Gesetze am Eingang der Schlachthöfe, dahinter ist die Hölle des Abschlachtens für alle gleich. Manfred Karreman berichtet über die Todesangst des Tieres in der engen Betäubungsbox:

> „Zwischen seine weit aufgerissenen Augen presst ihm ein Mann das Bolzenschussgerät an die Stirn und drückt ab. Das Rind bricht zusammen, rappelt sich auf wackeligen Beinen wieder auf. Noch einmal schießt der Mann, doch es hebt noch den Kopf, als ein Metallschieber es aus der Box befördert. Das Tier zuckt und windet sich, als eine Kette um sein Hinterbein geschlungen und es vom Fließband hochgezogen wird. Es ist noch immer nicht völlig ohne Bewusstsein, als ein Kopfschlächter das Messer ansetzt, um es durch einen Stich ausbluten zu lassen."[109]

---

[109] Karremann: Tierschutz in Deutschland, in: der stern, 06.04.2010

Der Schussapparat funktioniert nicht immer und der Schuss in den Kopf sitzt nicht immer genau. Schießt man dann nach, so haben die weiteren Einschläge nicht mehr die Wirkung wie beim ersten Mal. Da pro Tier nur eine Minute einkalkuliert ist, drängt die Zeit. Da halten Fehlschüsse nur auf, weshalb viele Tiere noch bei Bewusstsein sind, wenn ihnen an Ketten hängend die Halsschlagader geöffnet wird oder sogar die Organe entnommen werden.

8 Tierversuche ohne Gnade

Schmerzvolle Tierversuche, religiös legitimiert

Der Mensch hat geistige und emotionale Fähigkeiten erhalten, um verantwortlich und liebevoll mit der Kreatur umzugehen. Scheinbar verdrängt er trotz seiner Emotionalität sichtbares Leid, wie Eugen Drewermann es in kaum zu ertragenden Worten beschreibt:

> „Man züchtet Versuchstiere mit angeborenen Körperschäden, man durchtrennt Versuchshunden die Stimmbänder, um ihre Schreie nicht mehr hören zu müssen. Man enthauptet in Universitäten Tiere zu reinen Demonstrationszwecken, öffnet ihnen den Brustkorb und entnimmt ihnen das Blut bis zum Herzstillstand."[110] In den Versuchslaboratorien werden Hunderttausende von Tieren jährlich verbrannt, ertränkt, vergiftet, verbrüht, erstickt, erdrosselt, verätzt, mit Stromstößen gequält oder rauschgiftsüchtig gemacht. „Man zertrümmert ihre Knochen, implantiert in die Hirne Elektroden, steckt sie in Fesselungsapparate und Gipspanzer, damit sie nicht zappeln und zucken."[111] Und das Zerschneiden ihrer

[110] Drewermann, S. 29

[111] Haucke, siehe Inh.-Verz. Quelle 12

Stimmbänder nennen sie dann im Fachjargon auch noch zynisch „entbellen".

Wenn christliche Theologen behaupten, das Tötungsverbot beziehe sich nicht auf Tiere, da diese keine Seele haben, dann handelt es sich wieder einmal um ein anmaßendes Eigenkonstrukt. Sie hätten Gott vorher fragen sollen, wie er das Tötungsverbot verstanden haben will. Ist das tierfeindliche Verhalten der heutigen Kirchen verwunderlich, wenn einer ihrer bedeutendsten Kirchenlehrer, der „heilige" Thomas von Aquin, gelehrt hat, es spiele keine Rolle, ob man Tiere gut oder schlecht behandle, und „keiner sündigt, indem er eine Sache zu dem verwendet, wozu sie bestimmt ist"? Die Tiere seien „sprachlos", und es gebe nichts in ihren Seelen, das „möglicherweise ohne einen Körper weiter existieren könne."[112] Da verwundert es nicht, dass sich solche Auffassungen bis in unsere Zeit gehalten haben, wenn aus dem Munde von Papst Johannes Paul II. zu hören ist: „Es steht fest, dass die Tiere zum Dienste des Menschen erschaffen wurden, und sie können daher auch für Tierversuchszwecke verwendet werden."[113] Bevor dieser heiliggesprochene Papst solche Aussagen

Bild 26: Affen-Versuchslabor USA

[112] Thomas von Aquin aus Summa theologica II. 64. I

[113] Aussage von Johannes Paul II. auf einem Biologen-Kongress am 24.10.1982

machte, hätte er sich einmal mit den grausamen Versuchsaufbauten für Tierversuche beschäftigen sollen, wie das Bild 26 zeigt.

René Descartes ist der Begründer des modernen frühneuzeitlichen Rationalismus. Er wurde im Alter von acht Jahren auf eine Schule des katholischen Jesuitenordens geschickt, in der neben der Theologie auch die Philosophie eine besonders wichtige Rolle spielte. Nach seinem Jurastudium und seiner Soldatenzeit widmete er sich schwerpunktmäßig den Naturwissenschaften und der Metaphysik, die ein Hauptzweig der Philosophie ist und Fragen nach dem Sinn und Zweck der gesamten Wirklichkeit aufwirft. Seine Ausführungen über Subjektphilosophie sind durchaus lesenswert, und man kennt allgemein seinen berühmtesten Satz: „Cogito ergo sum" (Ich denke, also bin ich). Sein rationalistisches Denken führt aber generell zu zwiespältigen und inakzeptablen Aussagen, wenn er den Menschen in einen mechanisch funktionierenden Organismus und eine Seele aufteilt, die er im Sinne von Aristoteles als Unterschied zwischen einem Leichnam sowie einem lebendigen Menschen sieht. Aber ich möchte mehr seine bis heute prägenden, teilweise irrwitzigen Gedanken über das Wesen des Tieres betrachten. Danach würden Empfindungen und Bewegungen von Tieren rein mechanischen Gesetzen folgen. Sie seien nichts weiter als gefühllose Maschinen und könnten auch entsprechend gefühllos behandelt werden. Er führt diese Behauptung sogar noch detailgetreu aus, wenn er sagt, dass die Organe der Tiere wie eine Uhr funktionieren, die nur aus Rädern und Federn gebaut ist. Das Herz arbeite lediglich wie eine Pumpe und das Blut fließe durch die Adern wie durch Röhren. Sehnen setzt Descartes mit der Funktion von Drahtseilen gleich und Knochen mit Stützen sowie Verstrebungen. Zur Rechtfertigung des endlosen Quälens der armen Kreatur folgt immer wieder die durch die Jahrhunderte geisternde Behauptung, Tiere seien gefühllos wie Metall und verspürten keine Schmerzen! Forschergeist darf sie bedenkenlos zerlegen, darf Organ für Organ demontieren, wie ein Feinmechaniker das Räderwerk einer Uhr. Noch ekliger wird es, wenn Descartes beschreibt, dass sich die Tiere zwar winden, wenn man ihre Haut mit glühenden Eisen brennt, und dass sie zwar schreien, wenn man mit einem Skalpell in ihr Fleisch schneidet. Doch es sei kein wirkliches Empfinden. Ihre Schmerzensschreie bedeuten nicht mehr als das Quietschen eines Rades![114] Mit diesen Aussagen wurden jahrhundertelang bis heute die grausamsten und ekligsten Tierversuche gerechtfertigt. Dieses mechanische Weltbild macht den ganzen Irrsinn solcher Ansichten deutlich:

> „Sie schlugen die Tiere vollkommen teilnahmslos und machten sich über jene lustig, die diese Kreaturen behandelten, als empfänden sie Schmerz. Sie nagelten die vier Pfoten der Ärmsten auf Bretter, um sie bei lebendigem Leibe aufzuschneiden und die Blutzirkulation zu untersuchen ..."[115]

Voltaire, einer der einflussreichsten Philosophen der europäischen Aufklärung, begehrte gegen diese Unmenschlichkeit auf:

> „Diese Barbaren ergreifen den Hund, dessen Treue und Freundschaft die des Menschen so weit überragt, und nageln ihn auf einem Tisch fest und sezieren ihn bei lebendigem Leib, um seine Venen zu zeigen. Man findet in ihm die gleichen Organe wie in dir. Sag mir, Mechanist, hat die Natur in diesem Tier alle Grundlagen des Gefühls angelegt, damit es nichts empfindet? Hat es Nerven, um gefühllos zu sein? Nichts erklärt einen solchen Widerspruch in der Natur."[116]

---

[114] Siehe Descartes, 5. Teil

[115] Zitiert nach Ricard, S. 30

[116] Voltaire „Dictionnaire philosophique", zitiert nach Ricard, S. 30

Krankhafter Forschergeist treibt Tiere in den Wahnsinn

In den 1950er-Jahren und den Jahrzehnten danach begannen in den USA grausame Versuche an neugeborenen Äffchen, die der Mutter gleich nach der Geburt entrissen wurden. Als Ersatz bekamen sie künstliche Mütter aus Holz, Draht und Wolle, und die so traumatisierten Tiere hielt man ein Jahr lang in winzigen Käfigen aus Metall. Als man die seelischen Traumata erkannte, wurde die abscheuliche Versuchsreihe weiter ausgebaut, indem man die Affen in einer dunklen Isolationskammer, die man auch noch „Fallgrube der Verzweiflung" nannte und völlig von der Außenwelt wegsperrte. Die Folge war, dass man die Tiere in den Wahnsinn trieb, wobei sie typische Symptome wie ständiges Hin- und Herschaukeln, sich ins eigene Fleisch beißen, Fell ausreißen und sich selbst umklammern zeigten.[117] Es gab Tiere, die waren so depressiv, dass sie sich zu Tode hungerten. Die Wissenschaftler gaben sich damit allerdings nicht zufrieden und steigerten die Grausamkeiten noch, indem sie experimentierten, was passiert, wenn solche traumatisierten Affen selbst zu Müttern würden. „Hierzu konstruierten sie das sogenannte „Rape Rack" – eine Vergewaltigungsvorrichtung, auf der weibliche Affen gewaltsam fixiert und künstlich befruchtet wurden. Später beobachteten und fotografierten die Männer, wie die psychisch kranken Mütter ihre eigenen Babys misshandelten und töteten."[118] Die psychischen Misshandlungen in den National Institutes of Health (NIH) wurden von 2009 bis 2012 anhand von Hunderten hochauflösenden Fotos von PETA dokumentiert.

Hier wurden die neugeborenen Äffchen gleich nach der Geburt von ihren Müttern getrennt und erhielten sogenannte Ersatzmütter, eine Wärmflasche mit Frottee umwickelt, die die Babyäffchen umklammer-

[117] Vgl. u.a. www.peta.de/kindesmisshandlung#.VuROLhJqOHh
[118] Ebda

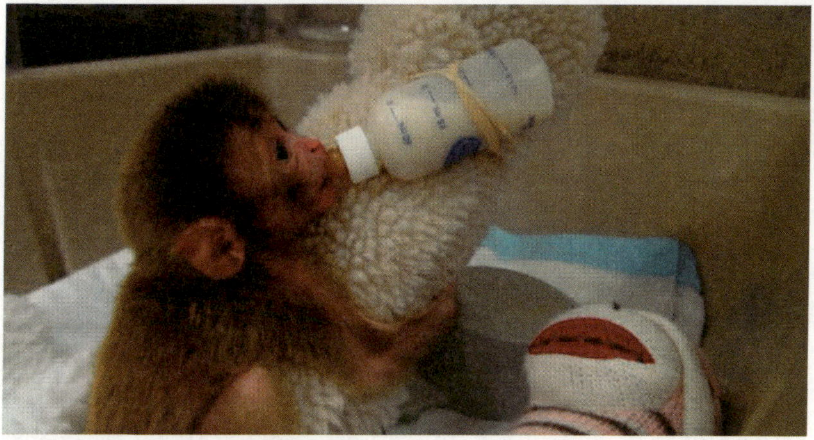

Bild 27: Sinnlose Tierversuche mit Affen

ten. Insgesamt ist die ungeheure Angst dieser Tiere mit Worten kaum zu beschreiben, wenn sie in winzige Drahtkäfige gesperrt und in den „Schreckenskammern" zusätzlich durch großen Lärm in Angst und Schrecken versetzt werden. Sie haben durch die Enge des Gitterkäfigs keine Möglichkeit, sich zu verstecken oder zu fliehen, sie schreien voller Verzweiflung und klammern sich an die Rückwand des Käfigs.

> „Die Affenbabys werden gemeinsam mit ihren Müttern in Käfige gesperrt. Zuvor wurden die Muttertiere medikamentös ruhiggestellt; ihre Brustwarzen wurden abgeklebt und die sedierten Tiere wurden in Kindersitzen platziert. Die Babys sind völlig verängstigt, weil ihre Mütter nicht reagieren. Sie schreien und weinen, klettern auf die sedierten, reglos daliegenden Mütter und schütteln sie im verzweifelten Versuch, sie aufzuwecken. Die Videoaufnahmen zeigen mindestens eine Situation, in der die Experimentatoren eine verzweifelte Affenmutter auslachen, die mit aller Kraft versucht, gegen die Sedierung anzukämpfen und wach zu bleiben, um ihr verängstigtes Kind zu beruhigen."[119] Sind die Affen etwas

---

[119] www.peta.de/kindesmisshandlung#.VuROLhJqOHh

größer, werden bei einigen von ihnen „Vorrichtungen in ihren Schädel verschraubt, über die die Experimentatoren verschiedenste Medikamente direkt in das Gehirn injizieren können. (...) Andere Äffchen werden mit der Injektion von Ethanol in hoher Dosierung vorsätzlich alkoholabhängig gemacht. Dies soll ihre Symptome wie Angst, Aggression, Depression, Schmerzempfindlichkeit und Kontaktarmut weiter steigern."[120]

Seit 40 Jahren Qual, Angst, Schmerz und Leid weiß man (und wusste es schon immer), dass sich die Ergebnisse solcher Experimente bei der Behandlung von Traumata und Hirnstörungen auf den Menschen nicht übertragen lassen und dass das unsagbare Leid, das allen Versuchstieren angetan wurde, „für die Katz" war. So konnte nach langjährigen Kampagnen gegen solche Laborversuche eine Erfolgsmeldung verkündet werden (Stand Dezember 2015): Die NIH haben versichert, die grausamen psychologischen Experimente an Affenbabys einzustellen. Inwieweit andere Länder dem folgen, bleibt ungewiss.

Sinnlose Versuche mit Krankheitserregern

Nicht nur in den USA werden solche abartigen Versuche durchgeführt, sondern auch in Europa. Kaum jemand weiß, dass sich das größte europäische Versuchslabor für mehr als 1200 Rhesusaffen in Rijswijk in den Niederlanden befindet. Um Versuche mit unseren nächsten Verwandten durchführen zu können, werden sie unter Medikamenteneinfluss gesetzt, rasiert, fixiert und in viel zu kleine Metallkäfige gesperrt, wo sie jederzeit für meist sinnlose aber teure Experimente herausgeholt werden können. Auf den Labortischen werden ihnen meist tödliche Viren oder Bakterien wie HIV, tropische Fieberkrankheiten und Malaria injiziert. Das Leid der Primaten ist kaum zu beschreiben. Als mit dem Menschen artverwandte Geschöp-

[120] Ebda

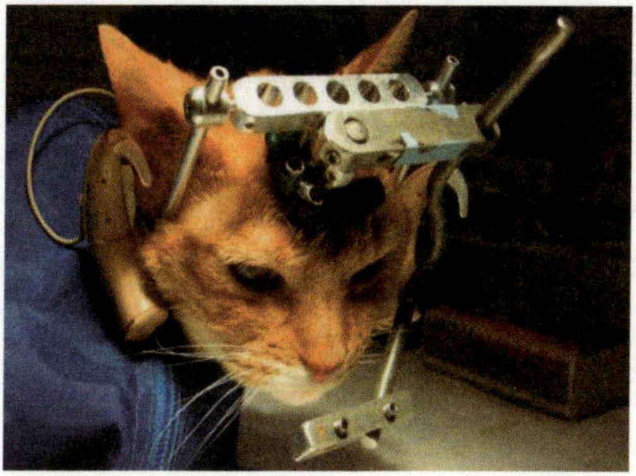

Bild 28: Katze im Tierversuch

fe sind sie sehr intelligent, empfinden wie wir Freude, Trauer, Schmerz sowie Leid. Und je nach Versuchsanordnung zeigen die meisten Tiere durch kaum zu ertragenden Stress abnorme Verhaltensweisen: Sie bewegen Kopf oder Oberkörper ständig vor und zurück, laufen immer im Kreis, verletzen sich selbst und werden teilweise verrückt. Die Degradierung des Tieres vom Geschöpf Gottes zur bloßen Sache liegt einerseits in der durch die Kirche geschaffenen Lehre, andererseits in dem durch Descartes geprägten Rationalismus als unumstößlich festgelegte Mensch-Tier-Differenz begründet.

Wenn der Katechismus (2417) sagt: „Medizinische und wissenschaftliche Tierversuche sind in vernünftigen Grenzen sittlich zulässig", dann können vernünftige Zeitgenossen solche Aussagen nicht als vernünftig anerkennen, weil mit Grenzen immer die Grenzen der Tierexperimentatoren gemeint sind. Staunen kann man lediglich über die hier präsentierte Ethik und Moral, die man unter anderem auch daran erkennt, dass man die für Versuche benötigten Tiere wie Affen, Hunde oder Mäuse verharmlosend auch „standardisiertes biologische Werkzeug" nennt. Das soll den Experimentierenden, sehr oft auch junge Studenten, das Mitgefühl mit der leidenden Kreatur nehmen.

Die Verdrängung von Leid

Wir kümmern uns liebevoll um Hund, Katze und Hamster. Sie sind Familienmitglieder, die wir wie unsere Kinder behandeln, wir haben ein persönliches Verhältnis zu ihnen aufgebaut. Wir könnten sie nicht quälen oder töten. Doch vor dem unsagbaren Leid derer, die das gleiche Empfinden haben wie unsere Lieblinge, die genauso gern gepflegt und gehegt werden möchten, die genauso gern leben und Angst vor dem Tod haben, verschließen wir die Augen. Wir muten ihnen ein sonnenloses Leben in qualvoller Massentierhaltung zu, bei der eine persönliche Beziehung gar nicht mehr möglich ist. So sinkt auch die Hemmschwelle, diese mit Nummern versehenen Massenprodukte leiden zu lassen. Trotzdem ist auch hier jedes einzelne Tier ein Individuum, das fühlt und leidet – aber man muss sein Gewissen nicht belasten, weil man nicht mehr Emma oder Jolante quält, sondern Nummer B3258. Doch warum ignorieren Menschen das kaum zu übersehende Leid der Tiere? Ich sehe den Grund darin, dass die meisten Misshandlungen in den perfekt von der Außenwelt abgesicherten Einrichtungen der Massentierhaltung, der Schlachthäuser und der Versuchslabore stattfinden. Besuchern und Journalisten wird der Zugang verwehrt. Wir sehen nicht die grausamen Verstümmelungen und hören durch die dicken Mauern nicht die Schreie. Alles ist abgeschirmt, nichts soll nach außen dringen. Da macht man uns die Verdrängung so viel Leidens leicht, wenn man nach dem kindlichen Motto vorgeht: Was ich nicht sehe, ist auch nicht da und mein Gewissen wird nicht belastet. In den Supermärkten wird an riesigen Theken dafür gesorgt, dass das angebotene Endprodukt mit Speziallampen in die richtige Farbe versetzt wird. Das verpackte Fleisch täuscht mit entsprechenden Aufschriften und Bildern vor, es handle sich um glückliche Hühner, Schweine oder Rinder vom Bauern nebenan, die nur darauf warten, in unserem Einkaufskorb zu landen. Die Versuchslabore sind so konstruiert, dass niemand aus der Öffentlichkeit sehen kann, welche Tiere lebendig hinein und welche tot wieder herausgefahren werden.

Langsamer Wandel

Wenn auch Fortschritte in Bezug auf Tierquälerei nur sehr mühsam zu erreichen sind, weil sich die Lobbyisten und ihre politischen Vasallen immer noch dagegenstellen, so erleben wir gelegentlich auch kleine Lichtblicke: So sind seit 2013 Tierversuche für Kosmetika in allen EU-Ländern verboten. Viele Tierversuche lassen sich überhaupt nicht auf den Menschen übertragen, das ist heute allgemein bekannt. So hatte man in England im Jahre 2006 einen Test mit einem neuen Antikörper für die Medikamentenentwicklung durchgeführt, der etliche Menschen in London in Lebensgefahr brachte. Der Gefahr war man sich nicht bewusst, weil alle Versuchstiere zuvor positiv auf den Wirkstoff reagiert hatten.

Viele Wissenschaftler lehnen heute Tests mit Tieren aus medizinischen Gründen ab, so vor allem in Deutschland der Verein „Ärzte gegen Tierversuche“, der sich unter dem Motto: „Medizinischer Fortschritt ist wichtig – Tierversuche sind der falsche Weg!“ für eine tierversuchsfreie Medizin einsetzt. Wissenschaftler der Freien Universität Berlin (FU) haben aus menschlichen Hautzellen Methoden entwickelt, um die Aufnahme von Substanzen in die menschliche Haut zu testen. Damit könnte man auf die bisher üblichen Tests an der Haut von rasierten Kaninchen verzichten. Ähnliche Modelle entwickelt man für Hautekzeme und hellen Hautkrebs, um auf die qualvollen Tierversuche weitgehend verzichten zu können. Leider ist man bei der Pharmaforschung noch nicht dazu bereit, dafür geht es um schnelle Ergebnisse und reichlich Geld – da ist noch viel Aufklärungsarbeit und Protest nötig. Auch wenn Tierversuche in Bezug auf Kosmetika und Arzneimittel schon eingeschränkt werden, können sich die Tiere nicht zu früh freuen – es steigt dafür die Zahl der Tierversuche im Bereich der Grundlagenforschung. Die Gentechnik ist die alles bestimmende Motivation, und die geht nicht ohne Tiere. Auch diese Versuche sind mit Gräueltaten verbunden, die einem die Sprache verschlagen. Deshalb finden solche Versuche auch hinter gut verriegelten Türen der Versuchslabore statt.

9 Können Tiere weinen?

Nach wissenschaftlichen Erkenntnissen können grundsätzlich alle Säugetiere weinen, da sie den sogenannten Tränenapparat besitzen, dessen Aufgabe es ist, Fremdkörper leichter mithilfe der Tränenflüssigkeit zu entfernen. Wir wissen, dass Menschen darüber hinaus auch aufgrund von Emotionen wie Trauer oder Freude weinen können. Aber können das auch Tiere? Für eine gesicherte Antwort fehlt uns zunächst die tägliche Erfahrung, und die Forschung ist sich in der Beurteilung nicht ganz einig. Aus der praktischen Beobachtung ergeben sich aber viele Beispiele, bei denen Tiere bei besonders starken Emotionen vor allem in Bezug auf Trauer, Verzweiflung, Angst und Schmerz Tränen vergießen und man andere Ursachen nahezu ausschließen kann. „Kuh weint im Schlachthaus, Sekunden, bevor sie geschlachtet wird" ist die Überschrift zu einem kaum zu ertragenden Videofilm, veröffentlicht am 01.04.2014.[121] Ich erinnere mich an ein ähnliches Bild in einem deutschen Nachrichtenmagazin. Ein junger Bulle lag vor dem Schlachthaus völlig erschöpft auf der Erde und Angestellte des Betriebes versuchten ihn mit Knüppeln und Treten dazu zu bringen, wieder aufzustehen. Das Foto zeigte deutlich, wie ihm Tränen über die Backe liefen, und die Augen zeigten eine Mischung aus Traurigkeit, Verzweiflung und Todesangst.

Schon die alten Ägypter fertigten vor mehr als 4000 Jahren ein Relief an, das eine Kuh zeigt, die gemolken wird und dabei eine Träne weint, weil sie offenbar erschüttert ist, dass man ihr Milch wegnimmt,

---

[121] www.youtube.com/watch?v=1tJLlpYbf0Q

die für ihr Kind bestimmt war. Wahrscheinlich brachten die Ägypter mit dieser Darstellung ihr schlechtes Gewissen über ihren Diebstahl zum Ausdruck. Mehrere Zeitungen wie „Weekly World News" oder „De Volkskrant News" sowie etliche Beiträge im Internet berichten aus Hong Kong (China) im April 2011 über einen weinenden Bullen, der das Leben der Metzger im Schlachthaus veränderte. Der Bulle stand in seiner engen Box und sollte geschlachtet werden. Als die Metzger die Tür zum Schlachtraum öffneten, standen sie plötzlich wie angewurzelt. Sie sahen den auf den Tod wartenden Bullen mit zwei Vorderbeinen auf Knien eingesackt mit kaum zu beschreibenden traurigen Blick und kullernden Tränen aus seinen Augen. Extrem schockiert erinnert sich der Metzger Shiu Tat-Nin: „Dann rief ich schnell die anderen Mitarbeiter, um es selbst zu sehen, und sie waren ebenso überrascht! Wir zogen und schoben den Bullen, aber er bewegte sich nicht, saß nur da und weinte ständig." Und einer der Firmenleiter von Hong Kongs Abfüllbetrieben, Billy Fong, sagte: „Der Mensch dachte immer, dass die Tiere nicht wie Menschen weinen, aber dieser Bulle schluchzte wirklich genau wie ein Baby!" Die Herzen von mindestens einem Dutzend starker, stämmiger Männer, welche für die Schlachtung verantwortlich waren, wurden weich von den Tränen, die dieser junge Bulle weinte. Auch andere Schlachthofmitarbeiter hörten davon, rannten, um den weinenden Bullen zu sehen und waren beim Anblick überwältigt. Was sollte man nun mit diesem Tier tun? Niemand der Anwesenden hätte es übers Herz gebracht, ihn zu schlachten. Die Angestellten legten Geld zusammen, kauften den Bullen frei und gaben ihn an liebe Mönche in einem buddhistischen Tempel. Dieser seltene Vorfall hat das Leben der Metzger auf jeden Fall verändert.[122] Hans Richter schreibt in ZEIT ONLINE unter der Überschrift „Der weinende Stier von Pamplona" über seine Erlebnisse bei einem

[122] Bericht entnommen u.a. „weekly world news bull crying" Sunday, July 8, 2012 in http://vedicviews-worldnews.blogspot.de/2012/07/crying-bull-true-story.html

Stierkampf. Besonders erschütternd war die Beschreibung des grausamen Endes dieses „Kampfes“: „Ich habe mir die Tötungszeremonie von der untersten Reihe der Arena angeschaut. Ich sah genau, wie dem Stier Tränen aus dem Auge liefen. Er weinte vor Schmerz.“[123]

10 Ungewöhnliche Tierfreundschaften

Forschungsergebnisse zum Staunen und Umdenken

Es gibt Freundschaften zwischen Mensch und Tier und zwischen Tieren mit gleichen und fremden Artgenossen. Die Freundschaft zum Tier und innerhalb der Tiergemeinschaft überragt an Dauer und Tiefe sehr oft die Freundschaft unter den Menschen. 45 Prozent der Deutschen haben Haustiere, die nach wissenschaftlichen Erkenntnissen eine ausgesprochen positive Wirkung auf das menschliche Wohlbefinden ausüben. Über die besonders häufigen und intensiven Freundschaften zum treuesten Begleiter des Menschen, den Hunden, habe ich an anderen Stellen bereits berichtet. Aber auch außerhalb der häuslichen Gemeinschaft gibt es Freundschaften zwischen Mensch und Tier und Tieren untereinander.

Bild 29: Laufente und Katze

[123] Richter, Hans in ZEIT ONLINE, 22.07.2012

Meistens erleben wir Katzen, die mit Katzen spielen oder Hunde mit Hunden. Aber können wir uns Freundschaften zwischen Elefant und Hund, Hund und Taube oder Pferd und Ziege vorstellen? Weltweit werden inzwischen in Forschungslabors und Instituten Gefühle, Regungen und Neigungen in der Tierwelt erforscht, darunter sind nicht nur Katzen, Hunde, Affen und andere uns nahestehende Tiere, sondern die ganze Palette der artenreichen Tierwelt. Bei jeder Spezies konnte man Gefühlsregungen wie Freude, Trauer, Sehnsucht und Liebe nachweisen. Wie ich bereits im Kapitel „Studien zur Seelenverwandtschaft am Beispiel Hund" ausführlich dokumentiert habe, reagieren unsere tierischen Freunde besonders ausgeprägt durch Empathie, Sympathie und Abneigung. Gegensätze ziehen sich an, sagt der Volksmund – und tatsächlich: Ich werde nachfolgend anhand von nachgewiesenen Beispielen über kaum zu glaubende, herzerwärmende und grenzenlose Freundschaften ganz unterschiedlicher Spezies berichten.

Affen halten sich Wachhunde

Konrad Lorenz, der große Tierforscher und Zoologe des 20. Jahrhunderts, wurde einmal vom Spiegel als „Einstein der Tierseele" bezeichnet. Von ihm stammt die Feststellung: „Sie werden es nicht glauben, aber es gibt soziale Staaten, die von den Klügsten regiert werden; das ist bei den Pavianen der Fall." Und für den Beleg habe ich ein praktisches Beispiel gefunden: Wir Menschen halten Hunde teilweise zu unserem Nutzen, sei es als Wach,- Such,- Rettungs-, Polizei- oder Blindenhunde, die aber gleichzeitig (fast) immer auch unsere Freunde sind und zur Familie gehören. Bei dem folgenden Fall bin ich mir nicht sicher, ob Freundschaft oder reiner Nutzgedanke oder beides die Motivation von Pavianen in Saudi-Arabien ist. Wie die Internetplattform blog.tierheimhelden.de berichtet, wurde eine Herde Paviane gefilmt, die Hundewelpen gekidnappt hatten, um sie in ihrer eigenen Herde aufzuziehen. Wie bei uns Menschen beschützten dann die

Bild 30: Wenn zwei sich nicht vertragen, sagt man: "Sie sind wie Hund und Katze."

Hunde wiederum die Affenherde, und ganz besonders ihre Babys sowie andere kleine Äffchen und werden dafür von den großen Affen mit Futter belohnt.[124]

Elefant und Labrador – ein Herz und eine Seele

Können wir uns Tierfreundschaften zwischen Jäger und Beute vorstellen, z.B. zwischen Ziege und Tiger oder zwischen Tieren mit extremen Größenunterschieden? Hier einige weitere Geschichten über verblüffende Tierfreundschaften, so zum Beispiel zwischen einem afrikanischen Elefanten und einem Hund: Nach der Rettung vor Elfenbeinjägern kam der Elefant in ein Reservat in Amerika und entwickelte eine besondere Freundschaft zu einem Labrador. Beide sind bis heute ein Herz und eine Seele.

Katze versorgt blinden Hund

Die oft lebenslang haltenden Freundschaften zwischen unterschiedlichen Tierarten sind einfach verblüffend, wie ich mit der kleinen Geschichte einer Freundschaft zwischen einer Katze namens Libby und

---

[124] siehe: blog.tierheimhelden.de/7-verrueckte-fakten-ueber-hunde/1208

dem Hund Cashew aus dem Buch „Unlikely Friendships" der amerikanischen Journalistin Jennifer S. Holland wiedergeben möchte: „Libby und Cashew lebten viele Jahre unter Akzeptanz, aber ohne jegliche Berührung, zusammen. Als der Hund Cashew mit zwölf Jahren anfing, sein Augenlicht zu verlieren, fing die Katze an, sich um ihn zu ‚kümmern'. Als Cashew schließlich vollständig erblindete, wich Libby nicht mehr von seiner Seite. Sie begleitete ihn zum Fressen und führte ihn herum. Die Katze ist zum Blindenführer für den Hund geworden. Mit 15 Jahren starb der Hund. Libby suchte jeden Tag vergeblich miauend die Plätze auf, an denen sie mit ihrem Freund Zeit verbrachte. Libby konnte sich für keinen anderen Hund mehr begeistern."[125]

Verstehen sich Schäferhund und Steinkauz?

Der Westdeutsche Rundfunk (WDR Köln) berichtet von Ingo und Poldi, einer rührenden Tierfreundschaft, geschildert von Petra Dierks: „Der Belgische Schäferhund Ingo und Steinkauz Poldi sind ein ungewöhnliches Gespann. Ihre Besitzerin, die Remscheider Falknerin Tanja Brandt, hat sie zu ihren liebsten Fotomotiven gemacht. Eine Tierfreundschaft, die es so wirklich gibt." Auf der Internetseite sehen wir einen Steinkauz auf dem Kopf eines Schäferhundes im Wald mit dem Kommentar: „Mit diesem Bild fing alles an: Ein anderer Kauz erschreckte Poldi so sehr, dass er Schutz auf Ingos Kopf suchte. Seitdem sind die beiden unzertrennlich."[126]

Bild 31: Hund und Greifvogel verstehen sich

[125] siehe Lit.-Verz. Quelle 8
[126] siehe Inh.-Verz. Quelle 9

Wolf und Bär teilen nicht nur die Beute

Der nächste Fall beginnt mit der Frage: Können Wölfe und Bären Freunde sein? Ja, und das ist nicht minder ungewöhnlich, aber eindeutig dokumentiert. Der finnische Fotograf Lassi Rautiainen wurde Zeuge einer ungewöhnlichen Freundschaft. Eine Grauwölfin und ein Braunbär hatten sich angefreundet und teilten sogar ihr Futter miteinander. Im Bericht zu den ins Internet gestellten Fotos heißt es: „Trifft ein Wolf auf einen Bären, dann geht er ihm lieber aus dem Weg. Der Fotograf Lassi Rautiainen hat einzigartige Bilder geschossen: Er beobachtete eine Wölfin und einen Braunbären, die anscheinend die besten Freunde sind. „Es ist sehr ungewöhnlich. einen Bären und einen Wolf zu sehen, die so gut miteinander auskommen", so der Finne. Jeden Abend ganze 10 Tage lang konnte er die Tiere gemeinsam sehen, immer zwischen 20 und 4 Uhr früh. Der 56-Jährige erzählte der Daily Mail: „Niemand kann erklären, warum oder wie die junge Wölfin und der Bär Freunde geworden sind."[127] Das ist umso beachtlicher, als dass Wölfe als Einzelgänger eher selten anzutreffen sind, da sie im Rudel leben. Statt sich üblicherweise um Beute zu streiten, haben die beiden wohl nach der Devise gehandelt: Geteilte Freude ist doppelte Freude. Überrascht war der Fotograf auch, als er Bilder machen konnte, wie die beiden fast zwei Stunden nebeneinandersaßen und den Sonnenuntergang beobachteten, vielleicht nach dem Motto: Gemeinsam ist besser als einsam. Eine wunderbare Tierfreundschaft!

Friedensabkommen zwischen Wölfen und Affen

Wissenschaftler vom Dartmouth College, New Hampshire, haben eine Affenherde entdeckt, die in ihrer Mitte wilde Äthiopische Wölfe dulden, ohne Angst zu zeigen. Und das, obwohl die Jungtiere der Affen normalerweise zum Speiseplan der Wölfe gehören. Die Forscher vermuten, dass dieses Friedensabkommen beiden Arten Vorteile bietet,

[127] siehe Lit.-Verz. Quelle 10

denn die Wölfe kommen leichter an ihre Beute, die kleinen Nagetiere, die durch die Affen aufgeschreckt werden. Andererseits profitieren die Affen von der Anwesenheit der Wölfe, denn diese beschützen sie als Gegenleistung vor anderen Fressfeinden. Die Forscher überlegen, ob diese Art Übereinkunft nicht als Frühstadium einer Domestizierung gesehen werden kann, so wie der Wolf in grauen Vorzeiten zum Haushund wurde.[128]

11 Positive Meldungen geben Hoffnung

Pilot rettet Hund durch Flugänderung

Im September 2015 berichteten die Medien weltweit über einen Piloten der Air Canada, der in eigener Verantwortung den Direktflug von Tel Aviv nach Toronto kurz vor dem Atlantik änderte und nach Frankfurt flog. Was war geschehen? Unter den Passagieren war auch die französische Bulldogge Simba, die üblicherweise mit ihrem Käfig im Frachtraum untergebracht war, wo es nach und nach sehr ungemütlich wurde. Wie der Pilot den Instrumenten entnehmen konnte, war dort das Heizungssystem ausgefallen. Da er um den tierischen Passagier wusste, machte er sich Sorgen um den Hund, da die Frachtraumtemperatur bei der großen Flughöhe ohne Heizung leicht unter den Gefrierpunkt gerät und der Hund hätte erfrieren können. Die Landung in Frankfurt kostete die Airline ca. 10.000 Dollar zusätzlich für Treibstoff und 75 Minuten Verspätung, doch die 230 Passagiere nahmen die ungeplante Zwischenlandung und die Verspätung positiv auf, als sie von dem frierenden Hund erfuhren. Simba wurde in Frankfurt in ein anderes Flugzeug umgeladen und konnte seine Reise bald fortsetzen. Ein kanadischer Luftfahrtexperte nannte die Ent-

---

[128] Vgl. FOCUS-Bericht vom 18.09.2015 in www.focus.de/kultur/diverses/verlag-verhalten-mein-freund-der-wolf_id_4956408.html

scheidung des Piloten genau richtig, da der Kapitän für das Leben aller an Bord verantwortlich sei – Tierfreunde in aller Welt waren voll des Lobes für diesen Piloten.

Franziskanermönch hat ein Herz für Tiere

Auf der Internetseite retriever-pfotenfreunde.de zum Thema: „Die katholische Ethik – Katechismus der Katholischen Kirche" gebe ich nachfolgenden Bericht eines Users wieder, der zeigt, dass es auch anders geht: „Vor einigen Jahren hatten wir ein nettes Erlebnis mit einem Franziskanermönch. Wir (Achim u. ich) wollten die Klosterkirche eines Franziskanerordens besichtigen. Am Eingang ein Schild ‚Hunde müssen draußen bleiben'. Da Lucy dabei war, diskutierten wir gerade, ob sie vor der Tür warten solle, aber das mag ich eigentlich nicht so gern. Da kam der Mönch des Weges, meinte, wir dürften Lucy gerne mit hineinnehmen, auch Tiere seien Geschöpfe Gottes und ‚der Herr' freue sich über jeden Besuch. Dann gab er Lucy noch einen Segen und zog von dannen. So etwas ist gelebte Nächstenliebe, da brauchts keinen Katechismus!"[129]

Tiere, die beste Therapie für Senioren und Demenzkranke

Auf der Internetseite „tiergestuetztetherapie.de" berichtet Veronica Steinkampf über eine fast 80-jährige Frau, die nach der Aufnahme in ein Altenheim in tiefe Depression fiel und trotz aller Bemühungen kein Wort mehr sprach. Die alte Dame veränderte jedoch ihre Haltung, nachdem sie regelmäßig Besuch eines Hundes erhielt, sprach von da an mit Nachbarn sowie Pflegern und kümmerte sich um neue Kontakte im Heimcafé. Dem Hund war es gelungen, für einen positiven Umgang der Heimbewohnerin mit den Mitbewohnern und Be-

---

[129] www.retriever-pfotenfreunde.de/showthread.php/19933-Die-katholische-Ethik-Katechismus-der-Katholischen-Kirche

treuern zu sorgen.[130] Heimtiere wie Hunde, Katzen, Vögel, Kaninchen und Fische haben schon in vielen Seniorenheimen kaum zu ersetzende, wichtige therapeutische Aufgaben übernommen. Viele Heimbewohner und deren Leiter plädieren für einen Ausbau des Einsatzes von Tieren.

Seit etwa 15 Jahren hat die Anzahl der Einrichtungen, in denen eigene Tiere gehalten werden dürfen, stark zugenommen. Über die Hälfte der Heimleiter gaben an, eine Erlaubnis zur Tierhaltung zu begrüßen, da man die positiven Erfahrungen wie aufkommende Lebensfreude, höheres Verantwortungsbewusstsein, steigernde Kommunikationsbereitschaft und das gerade im Alter so wichtige Gefühl, noch gebraucht zu werden, kenne. Demenzkranke Bewohner erlebten durch die Anwesenheit von Tieren und vor allem beim Streicheln ein beruhigendes Gefühl. Eine solche Atmosphäre wirke sich besonders positiv auch auf den Umgang mit den stark überlasteten Pflegekräften aus, wie viele Heimleiter bestätigen. Inzwischen konnte durch mehrere Studien bewiesen werden, dass Tiere sowohl bei selbstständigen Senioren als auch bei Pflegebedürftigen eine spürbare Verbesserung der Stimmung und damit einhergehend eine größere Kommunikationsbereitschaft zum sozialen Umfeld auslösen. Vor allem der Körperkontakt wirkt dabei enorm stressreduzierend, und die dadurch erreichte Reduktion von Depres-

Bild 32: Wöchentliche Besuche von Tieren helfen den Patienten

[130] Steinkampf, siehe Inh.-Verz. Quelle 13

sion, Angst sowie Lebensmüdigkeit ist besser als jede medikamentöse Gabe. Sogar erhöhter Blutdruck wurde nachweislich gesenkt, wenn die Probanden ein Tier streichelten – und selbst dann, wenn es lediglich im Raum anwesend war. Nicht nur Verbesserungen im emotionalen und sozialintegrativen Bereich konnten nachgewiesen werden – selbst die Wahrnehmung und die motorischen Funktionen, sogar Gehör und Tastsinn wurden positiv angesprochen. Insgesamt trägt der körperliche Kontakt zu Heimtieren zur Schärfung sinnlicher Wahrnehmung bei. Selbst, wenn kein Körperkontakt zu einem Tier möglich ist, so sorgt schon ein Aquarium mit Zierfischen vor allem bei bettlägerigen Patienten für eine höhere Lebensqualität. Das Zusehen ruhig dahinschwimmender Fische erfordert keine körperliche Anstrengung wie bei einem Hund und kann ein beruhigendes Gefühl auslösen. Aus all diesen positiven Erfahrungen heraus halten viele Einrichtungen inzwischen selbst Tiere. Sollte dies aus organisatorischen Gründen oder Platzmangel nicht möglich sein, so gehen viele dazu über, wöchentlich einen Tierbesuchsdienst zu bestellen, um Heimbewohnern und Pflegebedürftigen diese wichtige emotionale Erfahrung zu ermöglichen. Es gibt immer mehr ehrenamtlich arbeitende Hundehalter, die sich zu Gruppen organisieren und regelmäßig Senioren in Heimen besuchen. Selbst Hundekontakte zu Wachkomapatienten haben positives Echo gefunden, ebenso bei Patienten mit psychischen Einschränkungen.

Zum Schluss noch ein interessanter Bericht von Roland Kirbach in ZEIT ONLINE, der ein Heim beschreibt, in dem zwanzigmal mehr Tiere als Menschen leben. Der Heimleiter Franz Müller kam mit seiner Frau Maria vor 20 Jahren auf die Idee, seinen Bauernhof am Möhnesee in ein Altersheim umzuwandeln. Inzwischen leitet sein Sohn als gelernter Krankenpfleger das Heim mit einem 12-köpfigen Pflegeteam. 35 alte und zum Teil psychisch kranke Bewohner versorgen rund 600 Tiere, darunter Kaninchen, Katzen, Hunde, Vögel, Hühner, Enten,

Gänse, Pferde und sogar ein Kapuzineräffchen. Man merkte schnell, welchen Spaß die Alten hatten und baute das Konzept weiter aus. „Müllers Schwester, die einen Reiterhof betreibt, bringt die betagten Pferde nun nicht mehr zum Schlachter, sondern zu ihrem Bruder, wo sie an Altersschwäche sterben dürfen. Das Heim gleicht mittlerweile einem Tierpark. Die neuen Gehege, die man brauchte, haben die alten Leute selbst gebaut – etwa die nagelneue 60 Quadratmeter große Voliere. Dass die Alten hier eine Aufgabe haben und Verantwortung tragen, gebe ihnen neuen Schwung, sagt Müller."[131] Er bestätigt ferner, dass die Bewohner weniger krankheitsanfällig würden und länger lebten.

Kinder lesen Hunden vor

Der Anblick einsamer, verängstigter und traumatisierter Hunde im Tierheim ist meistens herzzerreißend. Ich fand eine berührende Geschichte auf einer Internetplattform, die nur positive Nachrichten verbreitet. Sie handelt von Grundschulkindern aus den USA, die jeweils vor einem Zwinger saßen und einem aufmerksamen Hund aus einem Buch vorlasen. Jeder weiß natürlich, dass die Hunde den Inhalt des Gelesenen nicht verstehen, aber darum geht es nicht. Hier werden gleich zwei Fliegen mit einer Klappe geschlagen: Für die Kinder ist das laute Lesen eine gute Sprach- sowie Leseübung und die Hunde verlieren auf ganz einfühlsame Art immer mehr ihre Angst vor Menschen. Die meisten Tiere sind traumatisiert, und jeder Hundetrainer weiß, wie schwierig es ist, sie wieder zu angstfreiem und natürlichem Umgang mit Menschen zu bewegen. Hier leisten die 6 bis 15 Jahre alten Kinder mit ihrer unaufdringlichen Art Großartiges und stellen die Weichen dafür, dass diese Tiere sich beim Anblick von Menschen nicht mehr in eine Ecke verkriechen. Irgendwann werden sie dadurch sicherlich wieder ein neues Zuhause finden. Jo Klepacki, der Direktor

---

[131] Kirbach in ZEIT ONLINE, siehe Inh.-Verz. Quelle 14

dieses seit 2015 laufenden Programms, meint dazu: „Das Hören eines lesenden Kindes kann diese Tiere wirklich entspannen. Es ist unglaublich, welche Fortschritte wir bei diesen Hunden feststellen können."[132] Wie schön, wenn man eine solche Idee auch in unseren Tierheimen einführen könnte, das wäre eine Bereicherung für Kinder und Hunde.

12 Ein heißes Thema: Biblische Schöpfung oder Evolution?

Herkunft und Verwandtschaft aller Lebewesen

Was die Verwandtschaft aller Geschöpfe auf Erden anbelangt, möchte ich aus meinem ersten Buch „Die Angst vor der Frohen Botschaft" zitieren. Hier beschreibe ich unter dem Kapitel „Glaube kontra Wissen" in Kurzform am Beispiel der Schöpfungsgeschichte den gravierenden Unterschied zwischen Religion und Wissenschaft, den ich nachfolgend leicht verkürzt wiedergeben möchte:

Mit jedem menschlichen Individuum wird die christliche Lehre von der Erschaffung des Menschen in der Genesis widerlegt. Das sieht man allein schon an unserem Körper, der embryonal die stammesgeschichtliche Entwicklung aller Wirbeltiere durchläuft. Viele Erbmerkmale von Zig-Millionen Jahre alten Urlebewesen stecken noch in uns. „Die Entwicklung von Föten stellt einen Schnelldurchlauf der Evolution dar – wir stehen Tieren näher als wir glauben."[133] Alles Leben dieser Erde kommt ursprünglich aus dem Wasser. Entgegen der biblischen Schöpfungsgeschichte dauerte die Entwicklung vom

---

[132] https://nur-positive-nachrichten.de/ (Seite 2)

[133] DIE WELT, 03.03 2009: „So viele tierische Kreaturen stecken im Menschen"

einfachsten Einzeller über Mehrzeller hin zu den ersten höheren Lebensformen im Wasser bis zum ersten Landtier und dem Menschen jedoch Hunderte Millionen Jahre. Ich möchte einige Beispiele für den gleichen Ursprung von Fischen, Amphibien, Säugetieren und Menschen aufzeigen: Ein Überbleibsel aus grauer Vorzeit sieht man an den Schwimmhäuten zwischen Fingern und Zehen, mit denen heute noch etwa sieben Prozent der Weltbevölkerung geboren werden. Der Zoologe Georg Haszprunar von der Maximilians-Universität München meint dazu: „Alle Embryonen haben im Mutterleib noch Schwimmhäute, vor der Geburt werden sie meist wieder abgebaut."[134]

Ein weiteres Beispiel ist unser Schluckauf. Bei der Kaulquappe verhindert er mithilfe einer kleinen Hautklappe, dass versehentlich Wasser über die noch vorhandene Kiemenatmung in die bereits ausgebildete Lunge gelangt. Eine solche Hautklappe besitzen wir Menschen noch heute. Wenn es gelegentlich zu einem Fehlimpuls der Zwerchfellmuskeln kommt, atmen wir schnell ein, die Hautklappe verschließt die Luftröhre und es kommt zum Schluckauf. Ein weiteres Relikt aus Urzeiten ist auch die starke Behaarung, mit der manche meist früh geborenen Babys auf die Welt kommen, weil das embryonale Fell noch nicht vor der Geburt zurückentwickelt wurde. Auch der Greifreflex menschlicher Babys, der bereits im Mutterleib funktioniert, stammt aus einer Zeit, als unsere Vorfahren noch ein dichtes Fell hatten und sich das Neugeborene ins Fell der Mutter krallen konnte. Viele Beispiele gibt es für die fließenden Übergänge, das sogenannte Tier-Mensch-Übergangsfeld, zwischen uns und unseren tierischen Vorfahren, so sehr sie auch von Fundamentalchristen mit fadenscheinigen bis äußerst dummen Argumenten bekämpft werden. Wir sollten also nicht vergessen: Wir stammen alle aus dem gleichen Wasser des

---

[134] „Ein evolutionäres Kuriositätenkabinett" von FOCUS-Online-Redakteurin Christina Steinlein in FOCUS online, 12.02.2009

Lebens und sind in seinem Strom nur in verschiedene Richtungen geschwommen, an verschiedenen Ufern an Land gegangen und haben uns den vorhandenen Lebensbedingungen entsprechend unterschiedlich angepasst und entwickelt. Woraus leitet der Mensch das Recht ab, diese uns so nahen Lebewesen aus Eigennutz aus ihrer jahrtausendealten Heimat zu vertreiben oder sie hinter Gittern zu halten, von grausamer Massentierhaltung und widerlichen Laborversuchen gar nicht zu reden? Wir haben die moralische Pflicht, das Leben der Tiere unversehrt zu erhalten und sollten nicht vergessen, dass es auf der ganzen Erde keinen Ort gibt, an dem sie nicht schon lange vor dem Menschen dagewesen sind. Schon die alten Ägypter waren sich der gemeinsamen Herkunft von Tier und Mensch in der Schöpfung bewusst, was sich zum Beispiel in ihrer Götterdarstellung ausdrückt: Die meisten ägyptischen Götter wurden mit Menschenkörpern und Tierköpfen dargestellt. Und ich möchte in Erinnerung rufen, dass die Tiere auch im Schöpfungsbericht noch vor dem Menschen erschaffen wurden. Also: Sowohl biblisch als auch evolutionsmäßig waren sie zuerst da, sind zuerst an Land gegangen, und wir haben uns aus ihnen entwickelt! Ohne sie gäbe es uns gar nicht.

Geistig-emotionale Verwandtschaft

Ist uns eigentlich wirklich bewusst, über welche geistigen und emotionalen Fähigkeiten unsere nächsten tierischen Verwandten verfügen? Unsere Forscher und Beobachter im Dschungel erfahren bei Menschenaffen viele gleiche Ausdrucksbewegungen wie bei uns Menschen und halten dies in Dokumentarfilmen eindrucksvoll fest. Freude und Ärger, Zärtlichkeit und Wut, Angst sowie Imponiergehabe zeigen sie in Gestik, Lauten und Mimik. Ihr gesamtes Gefühlsrepertoire und ihr Denkvermögen entsprechen etwa dem unserer menschlichen Vorfahren vor ca. zwei Millionen Jahren. Der am häufigsten genannte Unterschied zwischen Tier und Mensch ist die Sprache. Wenn man Sprache als Äußerungs- und Mitteilungsmedium versteht und Mimik sowie Gestik als Verstärkungsfaktor hinzunimmt, so besitzen Tiere durchaus diese Fähigkeiten, wenn auch in anderer Form.

Was die Intelligenz anbelangt, sollten wir nicht allzu überheblich sein, denn sie ist vielschichtig. So gibt es einige Intelligenztests, bei denen Schimpansen wesentlich besser abschneiden als Menschen. Ein Beispiel: Der britische Meister Ben Pridmore ist beispielsweise in der Lage, sich in 30 Sekunden die Reihenfolge von 52 willkürlich hingelegten Spielkarten zu merken. In Kyoto trat er gegen einen Schimpansen an, der allerdings drei Mal besser war. Während sich der britische Meister 33 Prozent der Karten merken konnte, schaffte der Schimpanse 90 Prozent. Auch bei anderen Tests, in denen es darum ging, auf den Kopf gestellte Fotos von Personen, die die Probanden kannten, den richtigen Namen zuzuordnen, schnitten Schimpansen wesentlich schneller und genauer ab.[135] Noch verblüffender ist der folgende Test, den Martin Balluch auf seiner Internetseite beschreibt: Verschiedenen Schimpansen wurde ein Touchscreen mit kunterbunt verteilten Zahlen von 0 bis 9 gezeigt, also zehn Zahlen auf einmal. Bereits nach 210 Millisekunden wurden die Zahlen automatisch mit ausgefüllten Vierecken überdeckt, sodass sie nicht mehr zu sehen waren. „Trotzdem konnten sechs verschiedene SchimpansInnen, die sich diesem Test (übrigens freiwillig) stellten, regelmäßig die ausgefüllten Vierecke in der richtigen Sequenz der darunterliegenden – für sie nunmehr unsichtbaren – Zahlen von 0 bis 9 richtig berühren. Kein Mensch ist zu dieser Intelligenzleistung in der Lage!"[136]

---

[135] Vgl. Balluch, S. 113

[136] Balluch, s. Lit.-Verz. Quelle 17

Tiere verständigen sich durch Laute oder andere Zeichen, besitzen ihrerseits aber wiederum Fähigkeiten, die denen des Menschen weit überlegen sind. Der Mensch hat entwicklungsmäßig durch die Sprache und die Fähigkeit, zu denken und zu abstrahieren, den höchsten Platz in der Rangordnung der Geschöpfe. Über Kant und Hegel nachzudenken, ist sicher nur dem Menschen möglich – doch sicherlich auch nicht jedem. Wir werden bei den nachfolgenden Ausführungen sehen, dass das Mensch-Tier-Übergangsfeld tatsächlich fließend ist und wir keinen eindeutigen Trennungsstrich ziehen können. Die Bibelaussage, dass der Mensch von Gott in die Welt gesetzt wurde, um über die Tiere zu herrschen, sagt nichts über die Qualität von Tier und Mensch aus. Schließlich hat der Mensch seit seiner Existenz immer auch über den Menschen geherrscht, ihn unterdrückt und wie das Vieh abgeschlachtet. Und zwar aus Gründen, zu denen das Tier gar nicht fähig wäre: Egoismus, Geiz, Gier, Machtstreben und fast immer aus religiösen Gründen.

Enge Verwandtschaft von Mensch und Primaten

Es gilt heute als unbestritten, dass Mensch und Affe vom gleichen Vorfahren abstammen, darin sind sich alle Evolutionsbiologen und Genetikforscher einig. Interessant bleibt immer wieder die von Laien gestellte Frage: Stammt der Mensch vom Affen ab? Da sind viele Menschen in ihrer Unkenntnis doch geneigt, eher an die biblische Schöpfungsgeschichte zu glauben, die eine Verwandtschaft aufgrund der Heraushebung des Menschen aus der übrigen Schöpfung gar nicht zulässt. Wir werden aber noch sehen, dass die Religion ein falsches Verständnis von der Herkunft des Menschen bietet, denn in der Schöpfungsgeschichte stecken mangels damaliger biologischer sowie erdgeschichtlicher Kenntnisse zu viele Fehler und Widersprüche, die jeder aufgeweckte Schüler mit naturkundlichen Grundkenntnissen heute schnell durchschaut. Erst durch das moderne „biogenetische Grundgesetz“ (Ernst Haeckel) konnte die tatsächliche Entwicklung des Menschen nachgewiesen werden und ist heute unstrittig. Dazu nachfolgend ein kurzer Abriss der Stammesgeschichte der Primaten, zu denen auch der Mensch gehört. Unser aller Leben begann am Ende der Kreidezeit vor 65 Millionen Jahren mit dem Aussterben der Dinosaurier. Mit dem neuen Zeitalter, dem Tertiär, besetzten Vögel und Säugetiere die hinterlassene Lücke. Hier liegt auch der Ursprung des Menschen. Afrika gilt als die Wiege der Menschheit, da auch die nächsten Verwandten, die Schimpansen und Gorillas, ursprünglich hier beheimatet waren. Der bekannteste menschennahe Einzelfund aus der Urzeit ist Lucy mit einem Alter von 3,2 Millionen Jahren und benannt nach dem Beatles-Song „Lucy In The Sky With Diamonds". Sie gehört zur Gattung Australopithecus und wurde 1974 in Äthiopien entdeckt. Aus dieser Spezies entwickelten sich vor ca. 2,5 Millionen Jahren die ersten Exemplare der Gattung Homo mit dem Nachweis des Gebrauchs von Werkzeugen.

Die Geschichte des heutigen modernen Menschen begann mit der Aufspaltung der letzten gemeinsamen Vorfahren von Schimpansen und Menschen. Vergleiche der DNA beider Gattungen legen einen ungefähren Zeitraum der Trennung vor fünf bis sieben Millionen Jahren fest. Durch diese Aufspaltung entstanden die heute noch lebenden Nachkommen, die man mit dem Oberbegriff Hominini bezeichnet. Der Begriff Homo bedeutet Mensch, gemeint ist dabei eine Gattung der Menschenaffen, zu welcher neben bestimmten Affenarten anatomisch auch der moderne Mensch gehört. Vor rund 2,5 bis 1,5 Millionen Jahren lebten die beiden ältesten Arten der Gattung Homo, der Homo rudolfensis (nach dem Rudolfsee in Afrika, ca. 1,9 Millionen Jahre alt) und der Homo habilis (geschickter Mensch, bis 1,5 Millionen Jahre alt). Beide afrikanischen Urmenschen sind ausgestorben. Der Mensch gehört nach allen physiologischen, anatomischen und biologischen Ähnlichkeiten zu den Primaten (Herrentiere, von lat. Primus = der Erste) und innerhalb derer zu den Menschenaffen. Die

Molekularbiologie lässt keinen Zweifel mehr offen und präzisiert die Verwandtschaft kurz und bündig: Menschen sind afrikanische Menschenaffen. Die gemeinsamen Vorfahren von Menschen und Menschenaffen müssen wir uns als behaarte Wesen vorstellen, die meist im Regenwald auf Bäumen gelebt und sich auf dem Boden im Knöchelgang fortbewegt haben. Erst als vor sieben bis sechs Millionen Jahren diese Ur-Schimpansen den Regenwald verließen, geschah der große Umbruch. Durch die geänderte Landschaft mit Savannen, Flüssen und Trockengebieten mussten sie oft lange Wegstrecken zurücklegen, um von einer baumbewachsenen Grünfläche zur nächsten zu kommen, damit sie neue Nahrung und Schutz fanden. Das war auf zwei Beinen effektiver als im Knöchelgang auf allen vieren. Ihr Lebensraum bestand nun nicht mehr aus Regenwäldern, in denen sich aber weiterhin Gorillas, Orang-Utans, Bonobos und Schimpansen aufhielten.

Der langsam entstandene aufrechte Gang dieser Ur-Menschen(affen) prägte die gesamte Anatomie und sorgte für weiter aufbauende Entwicklungen in der Evolution. In der nächsten Stufe entwickelte sich schließlich der vor zwei Millionen Jahren entstandene erste echte Mensch, Homo erectus (lat.: „der aufgerichtete Mensch"), und vermutlich daraus in Europa der Neandertaler und parallel, aber unabhängig von diesem, der moderne Mensch. Der Homo erectus war der erste, der Feuer benutzte, wie ein Mensch laufen konnte, die Urheimat Afrika verließ und sich nach Europa, dem vorderen Orient und nach Asien ausbreitete. Aber auch er ist ausgestorben. Zwischen 200.000 und 100.000 Jahren später entstand der endgültige Homo sapiens (lat. = der weise Mensch) und verbreitete sich vor etwa 70.000 Jahren von Afrika aus in die anderen Gebiete der Erde.

Der Schimpanse in uns

Bei den Menschenaffen (Schimpansen, Bonobos, Gorillas, Orang-Utans) denken wir, dass sie untereinander wesentlich enger verwandt sind als mit uns Menschen. Das ist jedoch widerlegt, denn der nächste Verwandte des Schimpansen ist nicht etwa der Gorilla oder Orang-Utan, sondern der Mensch! Durch die Technik der DNA-Hybridisierung konnte nachgewiesen werden, dass die Übereinstimmung zwischen Mensch und Schimpanse 97,6 Prozent beträgt. Wenn Tierarten einen so minimalen genetischen Abstand voneinander haben, werden sie biologisch der gleichen Gattung zugeordnet. Danach ist der Urmensch neben dem Schimpansen und dem Bonobo die dritte Schimpansenart, die folglich auch Pan sapiens (= weiser Schimpanse) genannt wird. Wenn wir somit also korrekt sagen können, der Mensch stamme vom (Ur)Affen ab, so sehen das viele Zeitgenossen einerseits nicht gerade als schmeichelhaft an, zum anderen ist der Ausdruck „Affe" in diesem Zusammenhang durchaus auch missverständlich, da Affen nur eine Untergruppe der Primaten darstellen, wozu auch die Menschenaffen und die Menschen selbst zählen.

Schon der große Naturforscher Darwin schlussfolgerte aus seinen gewonnenen Erkenntnissen: „Es ist unglaublich, dass alle diese Tatsachen falsch sprechen sollten. Derjenige, der nicht zufrieden damit ist, die Phänomene der Natur wie ein Wilder als unverbunden zu sehen, kann nicht länger glauben, dass der Mensch das Produkt eines getrennten Schöpfungsaktes ist."[137] Der deutsche Zoologe und Philosoph Ernst Haeckel (1834-1919) baute Darwins Ideen zu seiner speziellen Abstammungslehre weiter aus und kam zu folgender logischen Schlussfolgerung: Vorausgesetzt, die einzelnen Tierarten seien nicht durch „Wunder" erschaffen worden, sondern hätten sich auf natürlichem Weg aus niederen Formen immer weiterentwickelt, dann könne

[137] Darwin, siehe Inh.-Verz. Quelle 15

Bild 33: Der Schimpanse macht sich seine Gedanken über die Welt

der Mensch als einziges Lebewesen keine Ausnahme sein. Da von allen Säugetieren „die Affen die bei weitem menschenähnlichsten sind, weil die Unterschiede im Körperbau des Menschen und der Menschenaffen viel geringer sind als diejenigen zwischen den letzteren und den niederen Affen, so steht heute unzweifelhaft der Satz fest: ‚Der Mensch stammt vom Affen ab'. Dabei ist selbstverständlich keine einzige lebende Affenform als Stammvater des Menschengeschlechts anzusehen, sondern eine Reihe von unbekannten, längst ausgestorbenen Anthropoidenarten."[138] Der berühmte Botaniker des 18. Jahrhunderts, Carl Linnaeus, schrieb an den Sibirienforscher Johann Georg Gmelin einen Brief, worin es unter anderem heißt: „Ich frage Sie und die ganze Welt nach einem Gattungsunterschied zwischen dem Menschen und dem Affen, d.h. wie ihn die Grundsätze der Naturgeschichte fordern. Ich kenne wahrlich keinen und wünschte mir, dass jemand mir nur einen einzigen nennen möchte. Hätte ich den Menschen einen Affen genannt oder umgekehrt, so hätte ich sämtliche Theologen hin-

[138] Darwin, siehe Inh.-Verz. Quelle 15

ter mir her; nach kunstgerechter Methode hätte ich es wohl eigentlich gemusst."[139] Unter Außerachtlassung religiöser Auffassung müssen wir mit Linnaeus und der heutigen Wissenschaft feststellen: Die Menschen stammen nicht nur von den Affen ab, sondern sind biologisch gesehen Affen. Wobei ich noch einmal betonen möchte, dass nicht die heutigen Affen gemeint sind, sondern diese mit den Menschen nur die gleichen Primaten als Vorfahren hatten. Mag auch der Stolz so mancher Menschen verletzt sein, aber warum eigentlich? Als Homo sapiens haben wir uns doch ganz gut entwickelt!

Biblische Schöpfung gegen moderne Wissenschaft

Millionen Fundamentalchristen und Kreationisten (lat. Creatio = Schöpfung, also Schöpfungsgläubige) nehmen die Aussagen der Bibel wörtlich und leugnen die wissenschaftlichen Erkenntnisse zugunsten einer sehr platten und wörtlichen Bibelauslegung. Sie bestreiten die naturwissenschaftlichen Lehren über den Ursprung des Lebens, über die Entwicklung des Sonnensystems sowie die Entstehung des Universums und nehmen die Erschaffung des Menschen an einem einzigen Tag wörtlich. Schließlich hat man ihnen tausendfach eingetrichtert, die Bibel sei das direkte Wort Gottes und könne sich deshalb nicht irren. „Die Christen müssen an eine Legende glauben, die vor Tausenden von Jahren unwissende orientalische Nomaden beim Lagerfeuer entworfen haben: von der Erschaffung des Menschen aus einem Erdkloß. Es wird von den Priestern als feststehende Tatsache zementiert und ist bar jeder Logik."[140]

Heute können wir unabhängig von Angst vor kirchlicher Verfolgung wissenschaftlich fundiert sagen, der Mensch sei nicht an einem Tag von Gott nach seinem Ebenbild geschaffen, sondern habe sich seit

[139] Ebda

[140] Wolf (1), S. 64

mehr als sechs Millionen Jahren aus den Primaten entwickelt. Wenn Menschen heute immer noch an der Unterscheidung zwischen Primaten und Homo als zwei verschiedene Gattungen festhalten, dann hat das eher mit dem religiösen Dogma der Unterscheidung von den „unvernünftigen Tieren" und dem Menschen als Ebenbild Gottes zu tun, als mit nachweisbaren naturwissenschaftlichen Fakten. Es gibt aber auch Theologen, die der Meinung sind, dass die biblische Schöpfungsgeschichte durchaus gut mit der biologischen Evolutionslehre in Übereinstimmung gebracht werden könne. Das ist aber einfach falsch! Allein schon deshalb, weil die Schöpfungsgeschichte vor über 3000 Jahren von vielen Menschen ausgedacht und viel später von einer Priesterkaste in Schriftform gebracht wurde, die verständlicherweise nichts von Biologie, Evolution und Molekulargenetik verstanden hat. Jeder Mensch, der über Grundwissen in Biologie, Geschichte und Religion verfügt, müsste selber auf die vielen Fehler im Schöpfungsbericht und den daraus entwickelten „unwiderruflichen Glaubenssätzen" stoßen, wenn er die Bibel nur einmal ganz lesen würde! Denn nach dem AT Genesis 1 erschuf Gott am ersten Tag Himmel und Erde und ließ am zweiten Tag das Wasser entstehen. Er teilte das Wasser, und es entstand das Land (Gen 1,11): „Dann sprach Gott: Das Land lasse junges Grün wachsen, alle Arten von Pflanzen, die Samen tragen, und von Bäumen, die auf der Erde Früchte bringen mit ihrem Samen darin." Gott erschafft laut Bibel also zuerst alle Landpflanzen, wobei es heute zum biologischen Grundwissen gehört, dass alles Leben aus dem Wasser kommt, die Landpflanzen also aus den Urzellen im Wasser und danach aus den ersten Zellverbindungen, die das an der Fotosynthese beteiligte Chlorophyll als Grundlage allen Lebens bildeten.

Daraus wiederum entstanden die ersten Wasserpflanzen, die dann nach Millionen Jahren an Land kamen. „Dann sprach Gott: Lichter sollen am Himmelsgewölbe sein, um Tag und Nacht zu scheiden. Sie sollen (...) Lichter am Himmelsgewölbe sein, die über die Erde hin leuchten." (Gen 1,14f) Dass Gott erst nach den Landpflanzen das Licht mit den Gestirnen Sonne und Mond schafft, widerspricht allen astronomischen und biologischen Erkenntnissen (Gen 1,20f): „Dann sprach Gott: Das Wasser wimmle von lebendigen Wesen und Vögel sollen über dem Land am Himmelsgewölbe dahinfliegen. Gott schuf alle Arten von großen Seetieren und anderen Lebewesen, von denen das Wasser wimmelt, und alle Arten von gefiederten Vögeln." Zu den großen Seetieren gehören vor allem die Wale, die aber sind Säugetiere und waren vormals Landtiere, die später wieder zurück ins Wasser gegangen sind. Auch die Vögel als Wirbeltiere stammen von Landtieren (Sauriern) ab. Diese ehemaligen Landtiere erschafft Gott aber erst nach den Meerestieren und Vögeln, d.h., auch hier stimmt die Reihenfolge nicht. Die Schöpfungsgeschichte enthält viele Fehler aus astronomischer, erdgeschichtlicher, biologischer und physikalischer Sicht. Das hätte dem Allwissenden schon damals auffallen müssen, ebenso wie die vielen Irrtümer in Bezug auf die Anatomie der Tiere, die ich im Kapitel „Altes Testament" bereits ausführlich beschrieben habe. Trotz all der Fehler und gegensätzlichen Aussagen – sowohl in der Schöpfungsgeschichte als auch in den nachfolgenden Büchern des ATs – erklärt die Kirche die Bibel zum direkten Wort Gottes, das absolut fehlerfrei und heilig ist. Die Theologen kennen ihre Schäfchen und können sicher sein, dass die gläubige Masse die „ewige Wahrheit" nicht hinterfragt und nachprüft. Wenn es sich bei der Bibel wirklich um das Wort Gottes handeln sollte, dann dürfte man ihm als Allwissenden all die vielen sich selbst widersprechenden Aussagen und die offensichtlichen Fehler vor allem in den Büchern des ATs nicht verzeihen. Wenn es aber das Wort von Nomaden und Priestern der Bronzezeit und der frühen Antike ist, die ihre Vorstellung und Fantasien nach damaligem Wissensstand aufgeschrieben haben, dann muss man dafür Verständnis aufbringen.

Passen Evolution und Erbsünde zusammen?

Durch die inzwischen allgemein anerkannte Evolutionslehre mit der Entwicklung des Menschen in vielen Millionen Jahren aus dem Tierreich, ist die biblische Schöpfungsgeschichte nicht mehr tragfähig, wenn auch die Theologen trotz ihres heutigen Wissens unbedingt daran festhalten wollen. Der Grund ist einfach und verständlich, denn wenn sich eine so gravierende Aussage der Bibel als nicht haltbar erweist, muss man auch mit weiteren nicht mehr glaubwürdigen Inhalten rechnen – und die Angst ist groß, dass folglich irgendwann das ganze Glaubensgerüst ins Wanken kommen könne. Um es nicht so weit kommen zu lassen, versuchen Theologen vermehrt, sich in die These zu flüchten, dass man die Evolution nicht generell abstreitet, aber Eingriffe Gottes in die Entwicklung an den Stellen zulässt, wo es theologisch nötig ist. So legt man ein göttliches Eingreifen vor allem zu dem Zeitpunkt fest, wo der Mensch entstand und mit ihm und in ihm die von Gott eingegebene unsterbliche Seele. Laut Katechismus (KKK 366) wird die Seele nicht von den Eltern vererbt, sondern jede (Geist)Seele ist unmittelbar von Gott geschaffen. Da muss man sich doch fragen: Wann hat Gott denn festgestellt, dass der Mensch soweit Mensch ist, dass er würdig einer Seele ist? Und wie hat er sich das wohl bei den nächsten Verwandten des Menschen und den anderen Tieren gedacht? Die Antwort müssen wir denen überlassen, die auf der Seite des Glaubens stehen, dessen Dogmen sagen, dass der Mensch eine Sonderstellung außerhalb der sich entwickelnden Natur erhält.

Es gibt noch einen weiteren, viel gravierenderen Grund für das unbedingte Festhalten an der Schöpfungsgeschichte: Der Mensch bekommt einen freien Willen, der ihm die Übertretung von Gottes Geboten ermöglicht, denn erst durch den Sündenfall wird er erlösungsbedürftig. Insofern wird neben der Evolutionslehre auch noch die biblische Schöpfungsgeschichte gebraucht. Augustinus erweiterte im 5. Jh. n.

Chr. die Geschichte des Sündenfalls durch Adam und Eva um die Erbsündenlehre. Danach ist aufgrund des Sündenfalls der ersten Menschen die gesamte nachfolgende Menschheit schon im Mutterleib mit der Erbsünde behaftet, von der sie nur durch die Kirche bei der Taufe befreit werden kann, was im Dekret zur Erbsünde im Konzil zu Trient (1545-1563) dogmatisch festgelegt wurde. Dabei ist diese Lehre unbiblisch und unchristlich zugleich, denn sie ist eine reine Erfindung der Kirche, um Menschen auf Dauer in Schuld und Abhängigkeit halten zu können. Das erkennt man allein schon daran, dass Jesus und den Aposteln die Erbsünde völlig unbekannt war, ebenso wie den Christen der ersten Jahrhunderte. Die Evangelien wissen ebenfalls nichts von der Erbsünde, und auch im Judentum gibt es kein vergleichbares Vorbild. Die Lehre ist erst 400 Jahre nach Jesus entwickelt und noch später dogmatisiert worden. Wir sind aber inzwischen in unseren Erkenntnissen einen Schritt weiter und wissen, dass die Evolutionslehre sowie alle heutigen biogenetischen und erdgeschichtlichen Fakten die Schaffung von zwei ersten Stammeltern gar nicht zulässt. Eine solche Annahme wäre auch aus erbbiologischen Gesichtspunkten absurd, von daher ist der Sündenfall und die später daraus entwickelte Erbsündenlehre ebenfalls nicht haltbar. Wann kann nach der Millionen Jahre dauernden Entwicklungsgeschichte des Menschen der Sündenfall stattgefunden haben? Er müsste irgendwo zwischen Homo erectus und Homo sapiens eingefügt werden. Wer aber legt dies fest und mit welcher Begründung?

Der Glaube versetzt zwar Berge, aber moderne Wissenschaften wie Biologie, Physik, Chemie, Archäologie, Geologie und Astronomie liefern unwiderlegbare Fakten. Danach ist das Universum 13,7 Milliarden und die Erde rund 4,6 Milliarden Jahre alt. Die Autoren der Schöpfungsgeschichte vor 3000 Jahren wussten nichts von Galaxien, Sonnensystemen, expandierendem Universum oder Gravitation. Erst später zeigten Kopernikus, Kepler, Galilei, Bruno, Newton und Einstein ein genaues Bild unseres Sonnensystems, Darwin entwickelte die Evolutionslehre und andere bauten sie aus. Die Kirche merkte nun, dass viele ihrer zahlreichen Glaubenssätze widerlegt werden konnten. Sie musste aber allein aufgrund der Erbsündenlehre und der daran gekoppelten, alleinigen religiösen Macht an ihrer Schöpfungsgeschichte festhalten und förderte bis ins Zeitalter der Aufklärung die Unwissenheit der Massen.

Evolution statt Schöpfung, auch bei Geist und Seele

Die Vorstellung von der Entstehung des Menschen konnte vor Darwin nur als Schöpfung einer höheren intelligenten Instanz = Gott (Intelligent Design) verstanden werden, und daran halten – unabhängig aller weiterentwickelten wissenschaftlichen Forschung – die Fundamentalchristen immer noch eisern fest. „Darwin stellte diese Erklärung auf den Kopf. Er sah, dass es auch anders, ja sogar umgekehrt ging: Ein stupider Vorgang namens Evolution konnte so etwas wie Intelligenz hervorbringen. Die Evolution machte möglich, was die meisten für unmöglich gehalten hatten: Design ohne Designer, Geschöpfe ohne Schöpfer, Intelligenz ohne höhere Intelligenz."[141] Damit ist Gott als intelligenter Designer von Darwin als überflüssig erklärt worden. Das soll nicht heißen, dass die Hypothese von Gott grundsätzlich widerlegt ist, man kann sie weder widerlegen noch beweisen, sie hat also nur etwas mit Glauben zu tun. Aber zumindest für die Evolution wird ein Schöpfer nicht mehr benötigt. Damit ist der Kreationismus einfach unplausibel, seine Thesen können geglaubt, aber keinesfalls gewusst werden. „Darwins Evolutionstheorie kann die Komplexität der Natur aus sich heraus erklären, sie benötigt dazu keine Instanz, die selbst unerklärt bleibt."[142] Das alles sieht der Salzburger Weihbischof Laun ganz anders, denn er verkündet am

---

[141] siehe Lit.-Verz. Quelle 16

[142] siehe Lit.-Verz. Quelle 16

30.06.2003, dass er keine Gemeinsamkeit und keine Ähnlichkeit zwischen Mensch und Tier zulassen will behauptet gegen alles heutige Wissen tatsächlich: „Der menschenähnlichste Menschenaffe ist, genau genommen, ähnlicher der Kaulquappe oder einer Amöbe als dem Menschen."[143] Gut, dass er kein Biologie-Examen gemacht hat!

Welche Angst muss die Kirche vor Gottes Schöpfungsordnung haben! Diese Theologen merken nicht, dass sie mit solchen unqualifizierten und schon von jungen Gymnasiasten zu widerlegenden Äußerungen immer mehr gebildete und ethisch orientierte Menschen von sich abstoßen. Sie können nicht anders und versuchen gegen alle Wissenschaft, unsere tierischen Verwandten auf Distanz zu halten, da sie die fundierten biogenetischen und evolutionsgeschichtlichen Fakten mit ihren 3000 Jahre alten Mythen und Legenden sowie den daraus entwickelten Dogmen wie Erbsünde und Erlösungslehre nicht in Einklang bringen können. In den USA kämpfen die Kreationisten und Fundamentalchristen mit massiver finanzieller Unterstützung verbissen durch die gerichtlichen Instanzen dafür, an den Schulen die biblische Schöpfungsgeschichte statt die Nachweise der Naturwissenschaften in den Vordergrund zu stellen. In dem angeblich fortschrittlichsten Land der Erde schafft es die Religion, den bildungsmäßigen Rückwärtsgang einzuschalten und mit Vollgas zurück in die Bronzezeit zu rasen. Viele gebildete Amerikaner haben Angst davor, denn diese Fundamentalchristen leugnen selbst unumstrittene naturwissenschaftliche Erkenntnisse, weil der Glaube stärker ist – denn er kann nicht nur Berge versetzen, sondern vor allem immer wieder auch Wahrheiten. Der Amerikaner Sam Harris drückt in seinem Buch „Brief an ein christliches Land" deutlich sein Entsetzen über seine Landsleute aus, von denen 50 Prozent tatsächlich der Meinung sind, „dass der Kosmos vor 6000 Jahren erschaffen worden sei. Das wäre rund 1000 Jahre

[143] Erwin Lengauer in Körtner u.a. (Hg), S. 217

nach der Erfindung des Klebstoffs durch die Sumerer gewesen"[144] und 65 Millionen Jahre nach dem Aussterben der Dinosaurier. Das alles spricht nicht gerade für Bildung und Intelligenz. Für gefährlich kann man es schon halten, wenn so viele Millionen Menschen auch noch Präsidenten und Abgeordnete aus den eigenen Reihen wählen, die tatsächlich „glauben, dass die Dinosaurier paarweise auf Noahs Arche gerettet worden seien. (...) Jeder, dem das Schicksal der Zivilisation am Herzen liegt, täte gut daran, zu erkennen, dass diese Kombination aus großer Macht und ebensolcher Dummheit sogar denen Furcht einflößt, die sich zu den Freunden Amerikas zählen."[145]

Die Kirche hat zwar früh erkannt, dass die Erde keine Scheibe ist, aber bis Galileis Beweis verkündet, dass sich die Sonne um die Erde dreht. Heute leugnet sie die wissenschaftlichen Nachweise nicht mehr. Sie weiß, dass sie damit scheitern würde, wenn sie beweisbaren wissenschaftlichen Ergebnissen mit selbst konstruierten Glaubenssätzen entgegentreten wollte. Auch in Bezug auf die Schöpfungsgeschichte ist sie umgeschwenkt und streitet grundsätzlich nicht mehr die Evolution ab, weist aber an entscheidenden Stellen bestimmte Erkenntnisse zurück. Nämlich vor allem da, wo es um die Entstehung menschlichen Lebens geht. Die Sonderstellung des Menschen muss in jedem Fall aufrechterhalten werden, besonders in Bezug auf den ersten Sündenfall und alle daraus abgeleiteten Folgen wie Erbsünde, Erlösungsbedürftigkeit und damit auch auf den freiwilligen Opfertod von Jesus Christus zur Erlösung der Menschen. Doch gerade in diesem Bereich erkennen wir die Unvereinbarkeit zwischen Evolution und christlicher Dogmatik. Eine Festlegung der durch Gottes Eingreifen eingehauchten Seele irgendwann während der körperlichen Evolution ist allein schon deshalb nicht möglich, da die Seele (wie auch der Geist)

[144] Harris, S. 19
[145] Ebda, S. 19f

nicht neben dem Körper existieren kann – also immer schon an ihn gebunden gewesen sein muss und sich mit ihm auch nur evolutionär entwickelt haben kann. Aus Sicht Darwins und der nachfolgenden Wissenschaft ist es höchst unwahrscheinlich, dass mit einem plötzlichen Akt unsere Seele im Laufe der Entwicklung des Lebens durch einen Schöpfer in uns hineingepflanzt wurde. Nach neurobiologischen Gesichtspunkten ist die Seele eine reine Hirnfunktion. Das hat übrigens schon Plato vermutet, und wissenschaftlich ist seit etwa 50 Jahren klar, „dass die seelischen Funktionen mit Mechanismen und Zentren im Gehirn zu tun haben", sagt u.a. der Neurobiologe und Leiter des Institutes für Hirnforschung an der Universität Bremen, Prof. Gerhard Roth.[146] Er nimmt an, dass „die Entwicklung der Seele ein langer evolutionärer Prozess war, der eine Reihe von Tieren hervorgebracht hat, von denen wir mit ziemlicher Sicherheit sagen können, dass sie ein Bewusstsein, vielleicht sogar ein Selbstbewusstsein und natürlich auch bewusste Gefühle haben".

Die moderne Hirnforschung erklärt uns heute, dass nicht unsere Seele das Gehirn steuert, sondern dass das Gehirn unsere Seele hervorbringt, einschließlich dem „Ich" mit seinen Gedanken und Gefühlen. „Nietzsche hatte auch dies durchschaut, als er festhielt, dass schon die Wendung ‚Ich denke' auf einer falschen Intuition beruht, dass wir bis in die Sprache hinein über uns selbst irren. In Wahrheit, sagte Nietzsche, verhält es sich andersherum: Nicht ‚Ich denke', sondern das Gehirn denkt sich unser Ich!"[147] Alle radikalen Glaubensrichtungen wie Kreationismus oder Intelligent Design sind keine ernstzunehmende Alternative zum Evolutionsmodell, denn sie entsprechen ebenso menschlicher Fantasie wie die biblische Schöpfungsgeschichte selbst. Alles, was die Naturwissenschaft erklärt, ist im Gegensatz zu

---

[146] Prof. Gerhard Roth in SPIEGEL ONLINE, Ausgabe 19.11.2014

[147] siehe Lit.-Verz. Quelle 16

religiösen Vorstellungen nachprüfbar. Würde man wie zu Galileis Zeiten religiöse Glaubenssätze über nachweisbare wissenschaftliche Erkenntnisse stellen, bedeutete dies den Verzicht auf jede weitere Entwicklung des Menschen und wäre der intellektuelle Stillstand. Der Philosoph von Weizsäcker meint dazu: „Wissenschaft kann nur aus der Selbstständigkeit des Menschen ohne Autorität geschehen, Theologie ist keine Wissenschaft, weil sie die Autorität als Inhalt ihres Denkens betrachtet." Das ist seit Beginn des Christentums das Problem: Die Kirche „windet sich lieber in gekünstelten Sachverhalten, sie widersetzt sich der Forschung und dem gesunden Menschenverstand, als einen Fehler zuzugeben. Sie argumentiert mit dem Niveau eines Kleinkindes."[148] Die Kleriker „ersticken jede Gedankenregung außerhalb ihres eigenen Horizontes. Der freie Geist ist den verstaubten Dogmen überlegen, denn er akzeptiert die Kritik."[149] Dadurch, dass die Wissenschaft Irrtümer eingestehen und die Forschung daraufhin neu konzipieren kann, um der Wahrheit immer näher zu kommen, unterscheidet sie sich grundlegend von religiösen Denkmechanismen. Es kann nicht wahr sein, was gegen die Gesetze der Natur gerichtet ist. Dagegen hat der Islam in Bezug auf Wahrheit einen völlig anderen Ansatz. Während die römische Kirche nur als wahr gelten lässt, was sie selbst bestimmt, heißt es im Islam: „Die Wahrheit ist dort, wo der Beweis ist; und diejenigen, die bestimmte Wissenschaften und ein bestimmtes Wissen in dem Glauben verbieten, ... sind in Wirklichkeit die Feinde dieser Religion."[150] Mit diesem Grundsatz hätten auch die christlichen Kirchen weitgehend ihre Glaubwürdigkeit retten können. Viele Theologen leugnen heute zwar nicht mehr die grundlegenden Aussagen der Evolutionslehre, und sie gestehen im Gegensatz zu ihren Bischöfen inzwischen sogar zu, dass auch Tiere eine Seele haben. Sie bleiben aber bei der Heraushebung des Menschen als Eben-

---

148 Wolf, S. 108

149 Wolf, S. 32f

150 Dschamal ad-Din al-Afghani, zitiert aus Hattstein, S. 31

bild Gottes und Krone der Schöpfung sowie beim Postulat, dass nur er eine unsterbliche Seele hat, die im Himmel ewig weiterlebt.

Und immer wieder landen wir bei der Frage, zu welchem Zeitpunkt der menschlichen Geschichte die unsterbliche Seele nach theologischer Auffassung ins Spiel kam, wann der Mensch Ebenbild Gottes wurde. Hatte Lucy vor 3,2 Millionen Jahren schon eine Seele, oder erst viel später der homo habilis, der aber noch eine Vorstufe des Menschen war? Eher würden wir vielleicht den homo erectus vermuten, der dem heutigen Menschen schon sehr ähnlich sah, aber ausgestorben ist. Noch sicherer könnten wir wohl erst beim homo sapiens sein. Wenn Lucy schon eine Seele hatte, dann mit ihr auch alle anderen Primaten auf gleicher Stufe. Und wenn die eine hatten, dann auch alle anderen Tiere neben ihnen, von denen sie wiederum abstammen. Wo ist die Grenze und wer legt sie fest? Wie passt in diese Evolution noch der Sündenfall von Adam und Eva und in Folge die Erbsünde hinein? Hier müssen wir den Gläubigen die Freiheit zugestehen, Wissenschaft, Forschung und vor allem die Gesetze der Logik zu verlassen und das zu glauben, was ihnen die Theologen sagen.

Bild 34: Entwicklung des Menschen aus den Primaten

13 Die Kirche und die Seelenlosen

Virus Mensch

Wir haben bisher folgende, nicht einmal annähernd als vollständig zu bezeichnende Informationen als Beispiele für die Vernichtung von Leben erhalten: In Deutschland werden Millionen von lebensfrohen Hühnerküken bei lebendigem Leibe im Schredder zerhackt, nur, weil sie männlich sind. In Frankreich werden Millionen von Gänseküken lebendig im Schredder zerhackt, nur, weil sie weiblich sind. In Italien lässt man unzählige Kälber von Wasserbüffeln verhungern, nur, weil sie männlich sind. Weltweit werden 10.000 Tierarten jährlich unwiderruflich ausgerottet, nur, weil wir für endlose Monokulturen ihren Lebensraum vernichten. Der Mensch macht aus Profitgier auf allen Ebenen unbarmherzig dem Leben unserer Mitgeschöpfe ein grausames Ende. Würde außer dem Menschen irgendein anderer Organismus auf Erden so viel Leben vernichten, würden die Biologen ihn als lebensbedrohlichen Virus klassifizieren.

Ein schwarzes Kapitel

Man kann die Ursache all der bisher geschilderten Grausamkeiten gegenüber unseren Mitgeschöpfen nur darin sehen, dass die Kirchen den Menschen so hoch über die Schöpfung stellen und die Tiere seit 1500 Jahren zu einer seelenlosen Sache degradieren. Denn entsprechend werden sie gerade in den christlichen Ländern behandelt, wie wir in einigen Kapiteln erfahren haben. Die bei Tötungen oft gezeigten perversen Leidenschaften des Quälens gleichen der bestialischen Folter von Menschen durch die Kirche, die ich detailliert in meinem ersten Buch unter dem Kapitel „Das Jahrtausend des Grauens" mit seinen über 100.000.000 Opfern im Namen Gottes beschrieben habe. Und ich stelle immer wieder die Frage: Kann je ein Tier all die Eigenschaften haben, die die Kirche und mit ihr die Päpste sowie Bischöfe über 1000 Jahre lang gezeigt haben: Falschheit, Skrupellosigkeit, Hass, Gier, Neid, Doppelmoral? Kann je ein Tier einen Artgenossen so grausam quälen, wie es die Kirche mit Menschen bis in unsere Zeit getan hat? An sadistischen und perversen Handlungsweisen der Spezies Mensch hat sich bis heute nicht viel geändert.

Tierschützer haben im ersten Jahrzehnt des 21. Jahrhunderts Papst Benedikt immer wieder gebeten, das Leid der Tiere vor allem in den katholischen Ländern zu beenden oder zu lindern. Er hätte doch wenigstens einmal in seinen weltweit übertragenen Ansprachen auf dem Balkon des Vatikans Tiere als liebenswerte Mitgeschöpfe erwähnen können. Denn gerade der Papst wäre in der Lage gewesen, in diesen Ländern Millionen Tieren das Leben zu retten oder für Linderung der Schmerzen zu sorgen – doch er war dazu nicht bereit. „In der katholischen Kirche haben Tiere keinen Platz“ war dazu die einzige Verlautbarung aus dem Vatikan. Es wird wohl noch dauern, bis auch die letzten Oberhirten begreifen, dass Tiere ein lebendiger, intelligenter Teil der Schöpfung sind. Wie in der Bibel steht, geht es dem Menschen nicht anders als dem Vieh (Prediger 3, 19): „Wie dieses stirbt, so stirbt auch er, und sie haben alle einen Odem [den Odem Gottes], und der Mensch hat nichts voraus vor dem Vieh.“ Die Geschichte hat gezeigt, dass die Kirche sich so gut wie nie an die positiven Aussagen der Bibel über das Verhältnis von Mensch und Tier gehalten hat, nicht einmal an die Lehre des Jesus von Nazareth. In jeder Epoche der Religionsgeschichte nahm die Kirche für sich in Anspruch, allein im Besitz der Wahrheit zu sein. Da halte ich es lieber mit dem französischen Schriftsteller André Gide, der sagt: „Glaube denen, die die Wahrheit suchen, und zweifle an denen, die sie gefunden haben.“ Die kirchliche Wahrheit war nicht ewig, denn sie wurde immer den machtpolitischen Vorstellungen der jeweiligen Epoche angepasst. Und wenn die Stellvertreter Gottes ihre Lehre änderten, so gab es in der Bibel eine andere passende Stelle, mit der sie dann auch eine gegensätzliche Wahrheit begründen konnten.

Tierschutzgedanken gegen Kirche und Staat

Alles, was wir bisher über die Behandlung von Tieren aus dem Mund von Päpsten, Kirchenlehrern und Theologen gehört haben, kann man nur noch als unmenschlich und unchristlich gleichermaßen bezeichnen. So ist es begrüßenswert, dass die ersten, die den Tierschutzgedanken in Deutschland aufnahmen, evangelische Pastoren waren, deren Leitmotiv eine bekannte Stelle im Alten Testament war (Sprüche 12,10): „Der Gerechte erbarmt sich seines Viehs; aber das Herz der Gottlosen ist unbarmherzig." Als Urheber muss man den Stuttgarter Pfarrer Christian Adam Dann (1758–1837) nennen, der aufgrund eines Ereignisses in Sachen Tierschutz aktiv wurde. Irgendjemand hatte den Storch, der auf dem Pfarrhaus ein Nest gebaut hatte, zum Spaß vom Dach geschossen. In der wohl ersten Predigt gegen Tierquälerei bat der Pfarrer in der Kirche um Gottes Vergebung für alle Tierquäler. Er wandte sich mit anderen an den württembergischen Landesvater, um Gesetze zu erlassen, die jeden, der Tiere quälte, mit Strafe bedrohte, doch leider waren dem König andere Dinge wichtiger.

Als Pfarrer Dann im März 1837 starb, übernahm sein Freund und Pfarrer Albert Knapp die Initiative und gründete am 17.06.1837 den ersten Tierschutzverein Deutschlands, dem überall weitere folgten. Unterstützung durch Kirche und Staat waren allerdings nicht zu erwarten. Doch schließlich schaffte es der Stuttgarter Verein gegen viele Widerstände innerhalb von zwei Jahren, dass man in Württemberg ein Gesetz zum Schutz der Tiere erließ. Vor allem die röm.-kath. Kirche stellte sich dagegen. Trotz all dieser Hindernisse wurden immer weitere Tierschutzvereine auch außerhalb Württembergs gegründet, und es engagierten sich Prominente sowie die gehobene Bürgerschicht. Dazu zählte u.a. der große Festspielkomponist, Dichter und Philosoph

Richard Wagner, der sich fragte: „Was erwarten wir denn von einer Religion, wenn wir das Mitleid mit den Tieren ausschließen?" Wagner setzte sich 1879 in einem offenen Brief für den Tierschutz ein, der im Kaiserreich allerdings auf wenig Gegenliebe stieß. Trotzdem breitete sich der Tierschutzgedanke immer weiter aus, und schließlich schlossen sich 1881 die Vereine zum Deutschen Tierschutzbund zusammen, der heute mit 750 Vereinen mehr als 800.000 Mitglieder hat.

Der große Philosoph der Aufklärung Immanuel Kant (†1804) findet, dass Grausamkeit gegen Tiere das Mitleid des Menschen abstumpfe und dadurch eine seiner Moralität dienliche Anlage austilge. Unabhängig von der Frage, wo denn die Grenze zwischen zulässiger Tierhaltung und -nutzung sowie einer moralisch zu verwerfenden Grausamkeit verläuft, knüpft die moderne Tierschutzdiskussion an diese naturalistische Position an. In seinem Konzept der „Ehrfurcht vor dem Leben" prägte Albert Schweitzer (†1965) die populäre Kernaussage seines Tierschutzgedankens: „Ich bin Leben, das leben will, inmitten von Leben, das leben will." Der deutsche Philosoph Arthur Schopenhauer (†1860) sieht sich als Schüler und Vollender von Immanuel Kant. Er war einer der ersten Mitglieder des 1841 gegründeten Frankfurter Tierschutzvereins. Die christlich orientierten Tierschützer beriefen sich dabei immer wieder auf das oben zitierte Bibelwort „Der Gerechte erbarmt sich seines Viehs." Schopenhauer kommentierte dieses Bibelwort so: „Nicht Erbarmen, sondern Gerechtigkeit ist man dem Tiere schuldig."[151] Mit Sätzen wie „Seitdem ich die Menschen kenne, liebe ich die Tiere" zeigt er seine Ambitionen für den Tierschutz. Er verlagert den durch die Aufklärung geprägten Tierschutzgedanken aber mehr auf das Tierrecht und führt weiter aus, dass es geradezu eine empörende Rohheit und Barbarei sei, wenn Seine Heiligkeit Papst Pius IX. im 19. Jh. die Gründung einer Tier-

[151] Schopenhauer, Zweiter Band. Kapitel 15. Über Religion

schutzeinrichtung in Rom mit den Worten verbot: „Tieren gegenüber gibt es keinerlei moralische oder sonstige Pflicht." Ob der Stellvertreter Gottes dies zuvor mit seinem Chef, dem Schöpfer allen Lebens, abgesprochen hat? Ich weiß nicht, was „Seine Heiligkeit" sonst für Verdienste hatte, denn immerhin wurde er im Jahre 2000 seliggesprochen.[152] Auch in unserer Zeit erleben wir weiterhin solche schöpfungsfeindlichen Aussagen, wenn der Erzbischof der Diözese Udine, Alfredo Battisti, Anfang 1989 erklärte: „Einen Hund zu verprügeln oder ihn verhungern zu lassen, ist keine Sünde. Denn ein Hund ist keine Person und hat deshalb keine Seele."[153] Die Gedankenwelt des Mittelalters ist einfach nicht ausrottbar, wie wir bereits zuvor anhand der Umfrage bei deutschen Bischöfen gleichermaßen feststellen konnten.

Ich könnte noch viele Äußerungen hochrangiger Kirchenvertreter aufführen, die Tieren das Recht auf Leben und körperliche Unversehrtheit absprechen. In Spanien kämpfte die katholische Kirche gegen das Lebensrecht selbst unserer nächsten Verwandten, der Orang-Utans, Schimpansen, Gorillas und Bonobos, ebenso wie der damalige spanische Erzbischof der Stierkampf-Hochburg Pamplona, Fernando Sebastian. Aufgrund eines Antrages der Sozialdemokraten an das spanische Parlament auf ein Lebensrecht dieser Primaten, wandte sich der Erzbischof strikt dagegen. „Wesentlich heftiger noch reagierte der damalige Bischof von Palencia und heutige Bischof von San Sebastián, der die Gesetzesinitiative zugunsten der Menschenaffen als antichristliche Verschwörung brandmarkte."[154] Jedenfalls haben Kirche und Tierschutz noch nie zusammengepasst, von Tierrechten erst gar nicht zu sprechen. Die Menschenrechte dagegen sind inzwischen in den meisten Ländern in den Verfassungen als Grundrechte garantiert und

---

[152] siehe Dinzelbacher (2), S. 30
[153] Zitiert nach Riether u.a. (Hrsg.), S. 172
[154] Ebda, S. 172

basieren auf dem Naturrecht, wonach jeder Mensch von der Natur her angeborene, unantastbare Rechte besitzt. Nun sind aber in der Natur durch die gemeinsame Evolutionsgeschichte Mensch und Tier untrennbar miteinander verbunden. Religiös verstanden haben sie alle den gleichen Schöpfergott, biologisch gesehen stammen alle aus den gleichen Vorfahren und mehr als drei Milliarden Jahre zurückgedacht, aus der gleichen Urzelle im Meer. Sie haben sich nur in verschiedene Richtungen entwickelt. Wir sind also mit den Tieren Teil der gesamten Schöpfung. Doch nach wie vor zerteilen Theologen, Päpste sowie Kirchenlehrer die Schöpfung und behaupten, Gott hätte den Menschen aus der gemeinsamen Natur herausgehoben und über sie gestellt.

Der aus einem Pfarrhaus stammende Autor Carl Anders Skriver berichtet in seinem Buch „Der Verrat der Kirchen an den Tieren" über einen zoologischen Garten, in dem eine Tafel mit der Aufschrift hängt: „Das gefährlichste Tier der Welt". Dort, wo man die Bestie sucht, hängt ein Spiegel mit folgendem Text: „Hier sehen Sie das gefährlichste Tier der Welt. Als einziges von allen Tieren, die es je gab, kann es alle anderen Tiergattungen vernichten und hat es auch schon weitgehend getan."[155] Die Tiere fallen menschlichen Kapitalverbrechern zum Opfer, und Skriver ergänzt dazu: „Der Mensch, auch der Christ, ist eben eine Bestie, freilich eine Bestie, die sich zu ihrer Rechtfertigung beschönigende Philosophien oder Theologien ausdenkt."[156] Eine besonders abscheuliche Meinung möchte ich hier aus der katholischen Internetplattform mykath.de zitieren. Auf dem Jahreskongress 1994 der Internationalen Vereinigung christlicher Geschäftsleute in Basel äußert sich Prof. Bodo Volkmann wie folgt: „Menschen ohne Beziehung zu Gott sinken unter das Niveau von Tieren." Ich möchte

[155] zitiert nach Skriver (2), S. 19
[156] Skriver (2), S. 20

jedenfalls nicht auf das Niveau dieses Professors sinken und eine solche Aussage auch noch kommentieren. Der Leser wird sein eigenes Urteil fällen.

Kirche ohne Mitleid

„Mitleid mit Tieren und ein guter Charakter sind derart eng miteinander verknüpft, dass man mit Gewissheit feststellen kann, dass niemand, der grausam zu Tieren ist, ein guter Mensch sein kann." (Schopenhauer) Die Kirchen muss man nach ihren eigenen Aussagen als grundsätzlich tierfeindlich und damit schöpfungsfeindlich einstufen. Eine solche Ideologie zielt darauf ab, eine totale Trennungslinie zwischen Mensch und Tier, beseelten und nicht beseelten Geschöpfen zu ziehen, gegen alle heutigen biologischen, zoologischen und tierpsychologischen Erkenntnisse. Ob ihr Schöpfergott gewollt hat, dass nur der Mensch eine unsterbliche Seele hat? Dazu erzählt Arthur Schopenhauer: „Ich habe von sicherer Hand vernommen, dass ein protestantischer Prediger, von einer Tierschutzgesellschaft aufgefordert, eine Predigt gegen die Tierquälerei zu halten, erwidert habe, dass er es bei dem besten Willen nicht könne, weil die Religion keinen Anhalt gebe. Der Mann war ehrlich und hatte recht."[157]

Die Kirchen machen es sich immer sehr leicht, indem sie für ihre jeweilige Argumentation das heranziehen, was gerade passt. Im Umgang mit Tieren sicherlich auch die Bibel, in der es heißt (1. Genesis 9,2): „Furcht und Schrecken vor euch sei über alle Tiere auf Erden und über alle Vögel unter dem Himmel, über alles, was auf dem Erdboden kriecht, und über alle Fische im Meer; in eure Hände seien sie gegeben." Wohlgemerkt: Die Genesis ist, wie die ganze Bibel, von Menschen ausgedacht und geschrieben, nicht von Gott! Da können die Tiere wirklich nur noch „Furcht und Schrecken" vor dem Menschen

[157] zitiert nach Skriver (2), S. 63f

empfinden. Ob die Kirchenvertreter nicht erkennen können oder wollen, dass sie es sind, die die Schöpfung so entehren und nicht der Schöpfer selbst, dem man all diese Aussagen aus Eigeninteresse in den Mund gelegt hat, um sie anschließend als „wahres Wort Gottes" auszugeben? Da Gott ewig ist und er sich laut Dogma nicht ändern kann (obwohl die Bibel immer wieder das Gegenteil beweist), erklärt die Kirche ihre Lehre zur „ewigen Wahrheit", wobei sie den Gläubigen geflissentlich verschweigt, dass „ewig" immer schon auch zeitlich begrenzt war. Wie weiter oben bereits ausgeführt, galt eine jeweils gültige göttliche Wahrheit immer nur so lange, bis eine neue politische, kulturelle oder religiöse Epoche neue Ansichten, neue Erkenntnisse, neue Machtverhältnisse und in Folge immer wieder auch neue Wahrheiten erforderten.

Die Kirche kann mit denen, die auf Erden am meisten leiden müssen, kein Mitleid empfinden. Sie wird sich wohl nicht so schnell ändern, aber die Menschen fangen langsam damit an. Wer würde heute noch an den Lehren des Jesuitenschülers René Descartes festhalten, der versuchte, die Sonderstellung des Menschen gegenüber der übrigen Schöpfung sogar mit grausamen Experimenten an Tieren nachzuweisen? Den Kirchenmännern passte ganz gut in ihr Konzept, dass Descartes als erster christlicher Tierexperimentator versucht hat, den Nachweis zu erbringen, dass Tiere keine Vernunft haben, weil sie nicht so sprechen wie der Mensch, dass sie wie Automaten funktionieren, deren Laute und Bewegungen lediglich mechanischen Gesetzen folgen. Damit sind sie ohne jedes Bewusstsein, ohne Gedanken, ohne Gefühl und ohne Schmerzempfinden. Wenn Descartes schon die Evolutionslehre eines Charles Darwin gekannt hätte, wäre er vielleicht spätestens dann zu der Erkenntnis gekommen, dass er seine eigenen Gefühle, seine Gedanken und sein Schmerzempfinden genau denen verdankt, denen er diese Eigenschaften abspricht, nämlich unseren gemeinsamen tierisch-menschlichen Vorfahren.

Irgendwann müsste jeder Gläubige erkannt haben, dass er nicht nur einer frauenfeindlichen, sondern auch einer absolut tierfeindlichen Religion angehört. Wenn ihm das alles nichts ausmacht, soll er bleiben. Wenn es aber seinen ethisch-moralischen Prinzipien widerspricht, soll er so ehrlich sein und irgendwelche Konsequenzen im Sinne der leidenden Kreatur ziehen – sie hat es mehr als verdient. Es gibt einen KZ-Film, in dem der letzte Satz lautet: „Das Böse ist die Abwesenheit von Mitleid". Ich möchte mit Schopenhauer ergänzen: „Das Mitleid ist die Grundlage der Moral".Colin Goldner, deutscher Psychologe und Wissenschaftsjournalist, schreibt in einem Artikel, dass es als unhintergehbare Selbstverständlichkeit gilt, dass Tiere „unterdrückt, ausgebeutet, gequält und getötet, dass sie für die Erforschung und Testung von Medikamenten oder Kosmetika vergiftet, verbrüht, verbrannt, vergast oder ertränkt, dass ihnen Augen, Magen und Haut verätzt, ihre Stimmbänder durchtrennt, ihre Knochen zertrümmert, zersägt, ihre Schädel zerschmettert werden ... Und das alles nicht nur mit dem Segen der katholischen Kirche, sondern in ihrem beziehungsweise ihres Gottes ausdrücklichem Auftrag: Machet sie euch untertan und herrschet. Religion hebt den Menschen aus der Natur. Nicht nur die katholische Kirche, auch die evangelische und jede andere der christlichen Religionsgemeinschaften, desgleichen Judentum und Islam in all ihren Ausprägungen, beziehen sich grundlegend auf die biblisch begründete Einzigartigkeit des Menschen als Ebenbild Gottes samt dem daraus hergeleiteten Anspruch des Menschen, die Natur zu beherrschen."[158] Wie wir gesehen haben, sind die 41 Bücher des Alten Testamentes von Autoren aus vielen unterschiedlichen Kulturkreisen über einen Zeitraum von 900 Jahren ausgedacht worden. Es muss dabei zwangsläufig zu widersprüchlichen Aussagen über Gott und die Entstehung der Schöpfung führen. Wer die Schöpfungsgeschichte ernst oder sogar wörtlich nimmt und sich von der

[158] Colin Goldner, siehe Lit.-Verz. Quelle 6

Kirche einreden lässt, all die grausamen und chaotischen Inhalte seien das direkte Wort Gottes, dem muss man mangelnde Geschichts- und Kulturkenntnisse unterstellen. Ich jedenfalls nehme es als das, was es ist: ein durchaus interessantes Fantasiebuch unzähliger Gottesvorstellungen von arabisch-jüdischen Nomaden längst vergangener Epochen.

Wie Colin Goldner weiter ausführt, ist Religion „immer Ausdruck und Rechtfertigung der Herrschaft von Menschen über Menschen und vor allem: Herrschaft des Menschen über die Natur." Deshalb muss Tierbefreiungsarbeit = Religionsbefreiungsarbeit sein. Die wenig überzeugenden Verlautbarungen beider Kirchen zum Tierschutz klammern das Tierrecht aus, und prinzipiell bleiben sie bei ihrer Lehre aus dem 1. Buch Mose: „Furcht und Schrecken vor euch sei über alle Tiere auf Erden ...". Diese biblische Drohung mit Furcht und Schrecken ist nach dem Kirchenhistoriker Karlheinz Deschner „tatsächlich das umfassendste Unterjochungs- und Todesverdikt der Geschichte, infernalischer Auftakt der Deformierung eines Sterns zum Schlachthaus". Diese Schändung der Kreatur zieht sich nunmehr seit weit über 3000 Jahren durch die Religionsgeschichte. Wir haben gesehen, dass die Kirche auch das AT mit seinen unzähligen Schlachtorgien zum direkten Wort Gottes erklärt hat. Die Massenvernichtungen der Geschöpfe Gottes werden oft sogar mit Zahlen belegt, wie wir zum Beispiel im Buch der Könige nachlesen können (1. Kg. 8,63): „Und Salomo opferte Dankopfer, die er dem Herrn opferte, zweiundzwanzigtausend Ochsen und einhundertzwanzigtausend Schafe." Da werden selbst die Schlachthäuser von Chicago neidisch.

Die Deutsche Bischofskonferenz und der Rat der evangelischen Kirche in Deutschland haben eine gemeinsame Arbeitsgruppe eingesetzt. Unter der Überschrift „Herausforderungen und Aufgaben beim Schutz des Lebens, 1989" heißt es in der gemeinsamen Erklärung:

Bild 35: Abschreckende Tiergestalten am Naumburger Dom

„Freilich bewahrt sich die Bibel, auch wenn sie Gott ‚Freund des Lebens' nennt, einen nüchternen Blick für die harte und erschreckende Realität der Lebensphänomene. Leben lebt immer auch auf Kosten anderen Lebens." Dazu kommentiert der Kirchenhistoriker Karlheinz Deschner: „... als sei damit all das vergossene Tierblut gerechtfertigt, neben dem, quantitativ gesehen, das in sämtlichen Kriegen geflossene Menschenblut ganz und gar bedeutungslos erscheint."[159] Wie sollte in all den Jahrhunderten der christliche Mensch ein gesundes, liebevolles Verhältnis zu den Tieren aufbauen, wenn die Kirche Tiere oft mit dem Teufel gleichsetzte und von Malern sowie Bildhauern mit entsprechenden Fratzen porträtieren ließ? Wir kennen die vielen Gräuelfiguren, die in romanischen und gotischen Kirchen als entstellte Tiergesichter dargestellt werden. „An Portalen, Tympana, an Kapitellen mutiert das Tier zur Bestie: Raben, Hunde, Hasen, Kröten, Esel,

[159] siehe Deschner (3)

Löwen, Wölfe, Widder, Drachen, samt und sonders Satansbiester, Teufelsfratzen; womit implizit stets auch der ‚Sünder', das ‚Tier in uns' getreten wird, die Sexualität."[160] Im Mittelalter wurden zum reinen Vergnügen von Christen Tiere zu Tode gequält. Schweine wurden am Strang wie Verbrecher hingerichtet, Hunde als Teufelsgehilfen grausam gefoltert und lebendig verbrannt, ebenso Katzen. Die Brutalität ist kaum zu beschreiben. Der deutsche Naturforscher Alexander von Humboldt meinte dazu: „Grausamkeit gegen Tiere kann weder bei wahrer Bildung noch wahrer Gelehrsamkeit bestehen." Aber bei wahrer Religion! Man darf die obigen Gräueltaten nicht nur auf das Mittelalter schieben. Wie ich ausführlich in Bezug auf katholische Länder geschildert habe, hat sich bis heute kaum etwas geändert, weil die Religion sich nicht geändert hat. Es gibt keine Scheußlichkeit, die die Kirche gegenüber den Tieren ausgelassen hätte, gegenüber der absolut schuldlosen und wehrlosen Kreatur. „Gegenüber Geschöpfen, die oft in ihrem Erleben, Fühlen, wie Genetik, Biologie, Verhaltensforschung, wie ja auch alltägliche Erfahrungen zeigen, uns in vielem sehr ähnlich, uns nicht selten inniger, treuer zugetan sind selbst als menschliche Freunde?"[161]

Kirchlicher Umgang mit den „Unvernünftigen"

Ich erinnere an eine im obigen Kapitel „Haben Tiere eine Seele?" gestellte Frage an die deutschen Bischöfe, die ausnahmslos der Meinung sind, dass der Begriff Seele nur für den Menschen gelte. Viele Interessierte und Aufgeklärte folgen den offiziellen religiösen Festlegungen heute aus ethisch-moralischer Überzeugung nicht mehr, sondern machen sich für eine den Tieren und ihrer Natur entsprechenden menschlichen und gleichzeitig schöpfungsfreundlichen Behandlung stark. Die Mitgeschöpfe auf Erden werden theologisch zu unvernünf-

[160] siehe Deschner (3)
[161] Ebda

tigen Wesen erklärt, dabei können wir aus all dem bisher erfahrenen christlichen Verhalten diese Eigenschaft eher auf den Menschen anwenden. Das wird besonders durch den Philosophen und Psychologen Dr. Helmut F. Kaplan mit seinem Engagement für die Tierrechtsbewegung deutlich. In seinem Vortrag „Die Schuld der Kirche am Elend der Tiere" beschäftigt er sich mit der Vernunft des Menschen, bezweifelt dabei sehr deutlich die Vernunftbegabung vieler Zeitgenossen und weist auf das enorme Gefälle von Hochbegabten über die Durchschnittlichen hin, die Schopenhauer als „Fabrikware der Natur" bezeichnet, bis zu den Menschen, „die sich teilweise unzweifelhaft auf einem deutlich niedrigeren intellektuellen (bzw. Autonomie-) Niveau befinden als viele Tiere."[162]

Zur mangelnden Vernunftbegabung der Menschen führt Kaplan weiter aus: „Da brauchen wir allerdings nicht lange zu schauen, um eines Besseren, genauer: eines Schlechteren belehrt zu werden. Man betrachte nur die Umweltzerstörung im Allgemeinen, die Klimazerstörung im Besonderen, die himmelschreiend ungerechte Verteilung von Wohlstand und Reichtum, das tägliche Verhungern von Kindern, das atomare ‚Gleichgewicht des Schreckens' und so weiter und so fort!"[163] Der Mensch ist sich selbst zum Schreckgespenst geworden, oder mit Albert Einstein ausgedrückt: „Der Mensch erfand die Atombombe. Doch keine Maus der Welt würde eine Mausefalle konstruieren." Was würde Schopenhauer wohl heute zur Atombombe sagen? Mit Sicherheit würde er mit dem zeitgenössischen Schriftsteller Günther Schwab übereinstimmen, der in seinem interessanten Buch „Der Tanz mit dem Teufel" eine vernichtende Kritik äußert: „Der Mensch ist die gewaltigste Naturkatastrophe, die es je auf der Erde gegeben hat. Er ist ein Schadinsekt im Zustand der Massenvermehrung, eine tödliche Er-

---

[162] Kaplan, siehe Inh.-Verz. Quelle 11
[163] Ebda

krankung der Erdhaut. Unter dieser Krankheit sterben die Böden, die Gewässer, die Lüfte, die ganze belebte Welt."[164]

Wir wissen seit Darwin, dass das Übergangsfeld zwischen Mensch und Tier fließend ist. In seinen Werken „Gemütsbewegungen bei den Menschen und Tieren" von 1872 und „Die geistige Entwicklung im Tierreich" von 1882 erfahren wir, dass Tiere Geschöpfe mit eigenen Vorstellungen, mit eigenen Empfindungen und Wünschen sind, mit geistigen und psychischen Fähigkeiten ähnlich wie wir Menschen. Darwin hat die Begründungen geliefert, dass Tiere Persönlichkeiten sind, Individuen, die eine ähnliche Erlebniswelt mit ähnlichen Reaktionen haben wie wir. Das alles bestreitet die Kirche bis heute! Nach Charles Darwin kam die evolutionsbiologische Forschung richtig in Gang, und heute haben immer mehr Zoologen, Biologen und Verhaltensforscher erkannt, dass Tiere sogar moralisches Verhalten zeigen, dass sie emotionale Fähigkeiten haben – und sie sprechen ihnen auch die Seele nicht ab. Die vielen nachgewiesenen praktischen Beispiele aus dem täglichen Leben, wie ich sie in verschiedenen Kapiteln bisher dokumentiert habe, zeigen Umgangsformen der Tiere wie Mitleid, Einfühlungsvermögen, Lernwilligkeit, moralisches Verhalten, Opferbereitschaft, Freundschaft, Selbstlosigkeit, Gerechtigkeit und die ganze Bandbreite von Emotionen wie Freude, Trauer und Sehnsucht. Wir haben auch Beispiele erfahren, wie bei der Flutkatastrophe von New Orleans Ende August 2005, wo sich Hunde viel „humaner" verhalten haben, als manche betont christlichen Zeitgenossen.

---

[164] Skriver (2), S. 97

Es gibt Hunde, die sind treu bis in den Tod, oder wie es der deutsche Dichter Christian Morgenstern ausdrückte:

„Dass mir der Hund das Liebste sei,
sagst Du oh Mensch sei Sünde?
Der Hund ist mir im Sturme treu,
der Mensch nicht mal im Winde."

Dem Philosophen Arthur Schopenhauer verdanken wir viele Äußerungen über das Verhältnis Kirche und Schutz der Tiere: „Für die Tiere ist das Leben auf dieser Welt die Hölle, und ihre Teufel sind die Menschen. Himmelschreiende Ruchlosigkeit, mit welcher der christliche Pöbel gegen Tiere verfährt, sie lachend tötet, verstümmelt oder martert. ... Man möchte wahrlich sagen: die Menschen sind die Teufel der Erde, und die Tiere die geplagten Seelen."[165] Doch die Amtskirche war schon immer taub für die Schreie derer, die Bestandteil der Schöpfung eines Gottes sind, für deren Stellvertreter sie sich ausgeben. „Das Weltbild, das die christlichen Kirchen predigen, ist mitverantwortlich für das Elend der Tiere", sagt der katholische Theologe und Psychotherapeut Dr. Eugen Drewermann.

Aber es gibt durchaus auch christliche Aktionen, die sich der schöpfungsverachtenden oder der oft auch nur gleichgültigen Umgangsform entgegenstellen, wie etwa die Vereinigung AKUT (Aktion Kirche und Tiere).[166] Die Mitglieder setzen sich gemeinsam für den Tierschutz ein und weisen auf die Goldene Regel Jesu hin, die besagt (Mt 7,12): „Alles nun, was ihr wollt, dass euch die Leute tun sollen, das tut ihr ihnen auch." Alle Gesetze, Verordnungen, Gebote sowie alle philosophischen und religiösen Abhandlungen über ethisches

---

[165] Quelle: Schopenhauer, Parerga und Paralipomena (2 Bände), 1851. Zweiter Band. Kapitel 15. Über Religion

[166] www.aktion-kirche-und-tiere.de

und moralisches Verhalten in Bezug auf das Zusammenleben mit allen Geschöpfen auf Erden könnten wir beiseitelegen, wenn sich alle Menschen an das altbekannte Sprichwort halten würden: „Was du nicht willst, das man dir tu, das füg' auch keinem andern zu." Ein Tier ist dazu in der Lage, wie die bisherigen Ausführungen gezeigt haben. Mit den Menschen müssen wir noch Geduld haben.

Zu vielen Themen, die ich in meinen Büchern behandle, passen die Aussagen des Dalai Lama aus seinem Buch „Ethik ist wichtiger als Religion", woraus ich folgenden Gedanken zitieren möchte: „Ich denke an manchen Tagen, dass es besser wäre, wenn wir gar keine Religionen mehr hätten. Alle Religionen und alle Heiligen Schriften bergen ein Gewaltpotential in sich. Deshalb brauchen wir eine säkulare Ethik jenseits aller Religionen."[167] Grundsächlich gilt also: Ethik und Moral sind vom Glauben unabhängig und lassen sich nicht generell von ihm ableiten. Und wie ich an zahlreichen Beispielen belegt habe, schon gar nicht von der christlichen Religion. Alles, was die Schöpfung bei Mensch und Tier angelegt hat – Neugierde, Lebensfreude, sexuelles Verlangen und freie Gestaltung des Lebens – stand den Forderungen der Theologen seit Anbeginn entgegen.

---

[167] Dalai Lama, Buchdeckel Rückseite

14 Schlussgedanken ohne Schranken

Immer mehr Menschen erkennen heute, wie lebenswichtig ein friedliches Zusammenleben von Mensch und Tier im Einklang mit der Natur ist. Bis heute haben die Theologen in ihrem eingedrillten, aus geistiger Enge entstandenen, dogmatischen Glauben und in Folge ihrer eingeschränkten Erkenntnismöglichkeiten die Hilfeschreie der gequälten Kreatur nicht gehört. Ansonsten wären die Verlautbarungen beider großer Kirchen nicht so erschreckend schöpfungsfeindlich. Gefühlskalte Kirchenlehrer und Dogmenerfinder sprachen 1500 Jahre lang den Tieren Gefühle sowie Empfindungen ab und degradierten sie zu Reaktionsmechanismen. Sie verhöhnten die Gefühle dieser Geschöpfe und ihre Schmerzen, weil sie darin nichts anderes sahen als einfache Körperreaktionen, als Muskelkontraktionen. Damit war der Weg geebnet für qualvolle Massentierhaltung, kaum zu ertragende Tierversuche, rücksichtslose Tiertransporte, perverse Genmanipulation zur Produktivitätssteigerung sowie Ausrottung ganzer Populationen durch Urwaldrodungen aus reiner Profitgier. Die profitorientierte Zivilisation nimmt rücksichtslos soziale Ungerechtigkeit, steigende Zivilisationskrankheiten und Hunger in der Dritten Welt in Kauf, denn sie erfüllt Gottes Willen, indem sie nichts anderes tut, als sich die Erde untertan zu machen – auch die Teile der Erde, die ihnen nicht gehören. Ob Gott mit seiner Aufforderung auch die Abholzung der Regenwälder, die permanente Erderwärmung durch Treibhausgase, die Schmelzung der Polkappen oder die Vernichtung ganzer Populationen durch endlose Monokulturen und letztendlich die Unbewohnbarkeit des Planeten gemeint hat?

Verbraucher wollen Billigfleisch und haben sich einen entsprechenden Verdrängungsmechanismus zugelegt. Politiker gucken auf die nächste Wahl, sie ignorieren das Leiden von Millionen Tieren und zeigen eine erschreckende Ignoranz, indem sie jeden aufkommenden Tierschutzgedanken als Spinnerei abtun. Die Argumente dafür, bloß nichts zu Gunsten der Tiere zu verändern, liefern ihnen die sie ständig umgebenden Lobbyisten aus der Agrar-, Pharma-, Chemie- und Lebensmittelindustrie. Deren Religion kennt nur ein Wort: Gewinnmaximierung! Ich hoffe, dass ich mit meinem Buch etwas dazu beigetragen habe, dass sich langfristig in den Köpfen und Herzen der Menschen die Einstellung gegenüber den schwächsten Mitgliedern unserer Lebensgemeinschaft auf Erden positiv verändert. Politik und Kirche können aufgeklärten Menschen heute keine Vorbilder sein. So, wie wir zur Zeit der Aufklärung unsere heute so selbstverständlichen Rechte wie Gedanken-, Rede,- Gewissens- und Pressefreiheit den christlichen Kirchen in vielen Kämpfen abringen mussten, so sollten wir auch den Mut haben, mit den Füßen oder dem Wahlzettel abzustimmen, um Kirche und Politik endlich zu einem humanen Umgang mit der belebten Natur zu bringen, von der unser aller Leben abhängt.

Der Versuch, im Januar 2009 ein europäisches Tierschutzgesetz zu etablieren, scheiterte an 99 Stimmen im EU-Parlament. Hier stand wohl Eigeninteresse, gepaart mit dem Verlust jeglicher Form von Empathie, im Vordergrund. Welcher Geist (oder besser Ungeist) bei vielen Politikern herrscht, erkennt man an ihren Gesetzen, wonach Tierquälerei lediglich eine Ordnungswidrigkeit darstellt, die Befreiung eines gequälten Tieres jedoch als Straftat geahndet wird. Die bereits zuvor zitierte „ETN-Botschafterin für die Tiere", Maja Prinzessin von Hohenzollern, sagte in einem Interview: „Wer die Tiere nicht liebt, liebt die Menschen auch nicht. Den 99 Politikern, die ihre Stimme zum Schutz der Tiere nicht erteilt haben, sei Folgendes gesagt" – und sie nimmt Bezug auf den weiter oben bereits zitierten Ausspruch von Mahatma Gandhi, indischer Widerstandskämpfer, Publizist und

Pazifist: „Die Größe und den moralischen Fortschritt einer Nation kann man daran bemessen, wie sie mit ihren Tieren umgeht."[168]

Wir haben an vielen Beispielen gesehen, dass das unsagbare Leiden der Tiere vor allem religionsgeschichtlich verstanden werden muss. Die heute immer noch gefühllose Haltung gegenüber den Geschöpfen auf Erden ist den christlichen Kirchen und ihren Lehrern, Heiligen, Päpsten und Bischöfen mit ihren tierfeindlichen Glaubenssätzen geschuldet. Nicht nur Tierschützer und ihre Organisationen, auch Menschen wie du und ich, die das Stöhnen und Schreien der gequälten Kreatur nicht ertragen können und sich dagegen auflehnen, werden von angeblich kompetenten Kirchenkreisen als überspannte Vegetarier, neurotische Spinner oder grüne Weltverbesserer verunglimpft. Von einem unbekannten Verfasser habe ich folgende Zeilen gefunden:

„Wer gut mit Tieren umgehen kann, der hört sie sprechen.
Wer sehr gut mit Tieren umgehen kann, der hört sie flüstern.
Wer aber gar nicht mit Tieren umgehen kann,
der hört sie nicht einmal schreien."

Wann haben wir jemals eine offizielle kirchliche Verlautbarung gegen Massentierhaltung, Tiertransporte, Tierversuche, Urwaldrodung usw. gehört? In den USA gab es noch vor 30 Jahren dutzende von Hühnerrassen, die an die jeweilige Region angepasst waren, heute nur noch zwei Spezialzuchten, eine zum Eierlegen, die andere zur Fleischproduktion, deren wahnsinnige Steigerungsraten von Gewicht und Anzahl der Eier pro Huhn nur durch maximale Tierquälerei und Vernichtung unwerten Lebens erreicht werden kann. Genetische Einheitlichkeit statt Artenvielfalt ist gefordert. Ist zum Beispiel Genmanipulation zur tierischen Produktivitätssteigerung oder genetische

[168] Interview siehe Inh.-Verz. Quelle 2

Hirnveränderung zwecks Abschaltung der natürlichen Fressbremse nicht ein brutaler Eingriff in die Natur und damit in Gottes Schöpfungsordnung? Einzelne Pastoren und Pfarrer, die sich sehr engagiert für Tierschutz einsetzen, stehen im Gegensatz zur tierfeindlichen Lehre ihrer Amtskirche und haben einen schweren Stand, denn Kirche und Tierschutz sind nun einmal nicht vereinbar. „Wenn einst die Geschichte unserer Kirche geschrieben wird, dann wird das Thema Kirche und Tierschutz im 20. Jahrhundert ein ebenso schwarzes Kapitel darstellen wie das Thema Kirche und Hexenverbrennung im Mittelalter."[169]

Die Konzerne mit ihrer schon krankhaften Sucht nach Gewinnmaximierung werden mit ihrer allmächtigen Lobby jeden Versuch zu verhindern wissen, Begriffe wie nachhaltig, würdig, tier- und artgerecht in politischen Entscheidungen wiederzufinden. Gerechtigkeit innerhalb der Schöpfung wird es wohl nur geben, wenn ein Umdenken von unten nach oben stattfindet, d. h. von vielen empörten Bürgern in die Politikerkaste und Kirchenhierarchie hinein. Das wird sein, wenn Achtung, Liebe, Mitleid und ungeheure Wut über das zugefügte Leid denen gegenüber, die sich nicht wehren können, Vorrang haben vor einer tier- und menschenunwürdigen Degradierung als Lieferanten von Billigfleisch.

Die Politiker haben zu viele Bremser in Form von Lobbyisten neben sich und die kirchlichen Würdenträger zu eingefahrene, altbackene Glaubensstrukturen, als dass sie gesunden Argumenten folgen könnten. Nicht zu tolerieren, aber zu verstehen sind solche religiösen Denkmechanismen aus dem angeblichen Wort Gottes. Die in einigen Kapiteln beschriebenen Anweisungen Gottes, Tiere und Menschen abzuschlachten, sie grausam zu quälen, auf dem Altar zu zerstückeln,

---

[169] Zitiert aus Zeitschrift „Freiheit für Tiere", Ausgabe 4/2010

ihr Blut zu verspritzen und all die anderen Ekligkeiten dürften wohl kaum das Wort Gottes sein. Wie ich weiter oben beschrieben habe, entstammen sie den machtpolitisch orientierten Denkweisen einer blutrünstigen Priesterkaste aus Bronzezeit und Antike.

Wenn die Kirchenoberen in ihrem Katechismus festlegen, das Neue Testament vollende das Alte und das Alte erhelle das Neue, dann weiß ich nicht, warum es in Hinsicht auf Ethik und Achtung vor der Schöpfung so dunkel auf dieser Erde geworden ist. Ich hoffe, dass auch die blind Gläubigen irgendwann erkennen, dass die aus solchen Glaubensvorstellungen erwachsenen Kirchenvertreter keine Vorbilder für den Umgang mit der Schöpfung sein können, dessen Urheber sie angeblich vertreten. „Es ist längst kein Raum mehr in den Kirchen für die anderen Geschöpfe. Es ist, als habe Gott nur Menschen geschaffen."[170] Die Menschen hätten heute durch Konsumveränderung und politischen Druck viel eher den Willen zu Veränderungen, wenn sie aufgeklärt wären und den notwendigen Mut entwickeln würden, den Ungerechtigkeiten etwas entgegen zu setzen. Ich würde mich freuen, wenn ich dazu auch nur einen kleinen Beitrag geleistet hätte und rufe jedem Leser zu:

Wenn du keine Bilder mit Gewalt gegen Tiere sehen kannst,
dann musst du die Gewalt gegen Tiere aufhalten,
nicht die Bilder.

(Unbekannter Verfasser)

Und dazu stehen viele Tierschutzorganisationen bereit, die sich über jede kleine Spende oder praktische Unterstützung freuen. Jeder sollte bei sich anfangen, und wenn es ein noch so kleiner Schritt ist oder auch nur der Verzicht, zwei fertiggebratene, verpackte Schweine-

[170] Schlosser, zitiert nach Skriver (2), S. 100

schnitzel für 1,79 Euro zu kaufen. Denn spätestens an dieser Stelle des Buches sollte er wissen, dass dieser Preis nur aufgrund unsagbaren Quälens erwirtschaftet werden kann. Wer nicht auf Fleisch verzichten möchte, dem sollte der etwas höhere Preis aus artgerechter Tierhaltung nichts ausmachen.

**„Jeder sollte versuchen, Dinge zu verändern.
Wenn sich nach Ihrem Leben die Welt nicht verändert hat,
was also hatten Sie hier verloren?“**

(Andrew Vachss, US-amerikanischer Autor und Anwalt)

Die Kirchen haben sich selbst mit ihren überholten antiken Vorstellungen ins Abseits katapultiert. Sie kannten nicht einmal bei ihrer millionenfachen Menschenvernichtung irgendwelche Skrupel und haben mehr als 1000 Jahre lang in ihren Folterkellern sowie auf ihren weltweiten Scheiterhaufen und Massengalgen bewiesen, dass Moral nicht gerade ihre Stärke ist. Zum Schluss möchte ich noch eine etwas nachdenkliche Geschichte über einen sechsjährigen Jungen wiedergeben, der sich über das Leben von Mensch und Hund seine eigenen Gedanken macht. Darüber berichtet Franca L. Meyerhöfer in „The Huffigton Post“ mit der Überschrift „Als sein Hund stirbt, sagt dieser Junge etwas unglaublich Schönes“. Der sechsjährige Shane hatte einen zehn Jahre alten irischen Wolfshund, der plötzlich schwer krank wurde. Der Tierarzt, der den Hund untersuchte, wusste, wie sehr die Familie an ihm hing, vor allem der Junge. Er musste ihnen aber die traurige Mitteilung machen, dass der Hund schwer krebskrank war und er nichts mehr für ihn tun könne. Der Arzt bot der Familie an, am nächsten Tag zu ihnen nach Hause zu kommen, um den Hund in seiner gewohnten Umgebung einzuschläfern. Vater und Mutter waren sich einig darin, dass ihr Sohn bei dieser Prozedur anwesend sein sollte. Am nächsten Tag war es soweit, und Shane streichelte seinen Freund die ganze Zeit, bis er eingeschlafen war. Anschließend saß die

Bild 36: Kleiner Junge mit irischem Wolfshund

Familie noch zusammen und diskutierte darüber, warum Tiere so viel kürzer leben als Menschen. Shane, der still zugehört hatte, sagte plötzlich: „Ich weiß, wieso! Menschen werden geboren, damit sie lernen, ein gutes Leben zu führen – dass sie alle liebhaben und nett sein sollen, stimmt's? Naja, Hunde wissen schon, wie das geht, also müssen sie nicht so lange auf der Welt bleiben."[171] Ein Tier kann niemals all die in diesem Buch geschilderten bösartigen Verhaltensweisen zeigen, die sind nur dem Menschen gegeben. In diesem Zusammenhang fällt mir noch eine kleine Geschichte ein, die ich irgendwo einmal gelesen und wörtlich behalten habe: Ein alter Mann unterhält sich mit seinem Enkel und sagt: „In unserem Herzen wohnen zwei Wölfe, die stark miteinander ringen. Der eine Wolf ist der Hass und der andere die Güte." Das Enkelkind überlegt einen Moment und fragt dann: „Und welcher Wolf gewinnt?" Der alte Mann antwortet: „Der, den du fütterst!"

[171] Meyerhöfer in „The Huffington Post" in Zusammenarbeit mit Focus, 16.07.2015

Als ich die Hand eines Menschen brauchte,
gab mir jemand seine Pfote.

Bild 37

15 Weisheiten und Sprüche über unsere tierischen Freunde

A Tiere allgemein

Vielleicht haben die Vögel erst fliegen gelernt,
als der Mensch auf die Welt kam!?
(Art van Rheyn)

Sie werden es nicht glauben, aber es gibt soziale Staaten,
die von den Klügsten regiert werden;
das ist bei den Pavianen der Fall.
(Konrad Lorenz, Österreichischer Forscher und Tierpsychologe)

Die Verantwortung des Menschen gegenüber Tieren ist umso größer,
weil die Tiere nicht einmal die Möglichkeit haben, sich durch Selbst-
Tötung einem unerträglichen Leben zu entziehen.
(Helmut F. Kaplan)

Solange Menschen denken, dass Tiere nicht fühlen,
müssen Tiere fühlen, dass Menschen nicht denken.
(Leonardo da Vinci, 1452-1519)

... natürlich können Tiere Gegenstand von Experimenten sein!
(Papst Johannes Paul II, †2005)

... der Mensch hat doch, was Tiere betrifft, keinerlei Pflichten ...
(Papst Pius IX.)

Einen Hund zu verprügeln oder ihn verhungern zu lassen,
ist keine Sünde. Denn ein Hund ist keine Person
und hat deshalb keine Seele.
(Ital. Erzbischof Alfredo Battisti, †2012)

Tiertötung ist, wenn mit der Erlaubnis
und unter dem Gebot Gottes vollzogen, ein priesterlicher Akt ...
(Karl Barth, evangelischer Theologe, †1968)

Wir brauchen für Tiere keine neue Moral.
Wir müssen lediglich aufhören,
Tiere willkürlich aus der vorhandenen Moral auszuschließen.
(Helmut F. Kaplan, Autor, Philosoph)

Man kann wohl fragen: Was wäre der Mensch ohne die Tiere? Aber
nicht umgekehrt: Was wären die Tiere ohne den Menschen?
(Unbekannt)

Ich fürchte, die Tiere betrachten den Menschen als ein Wesen
ihresgleichen, das in höchst gefährlicher Weise
den gesunden Tierverstand verloren hat.
(Friedrich Nietzsche)

B Der Hund, der treueste Freund des Menschen

Es gibt keine Treue, die nicht schon gebrochen wurde,
ausgenommen die eines wahrhaft treuen Hundes.
(Konrad Lorenz)

Mein Ziel im Leben ist es,
genau die wunderbare Person zu werden,
für die mein Hund mich jetzt schon hält.
(Unbekannt)

Hunde haben alle guten Eigenschaften des Menschen, ohne gleichzeitig ihre Fehler zu besitzen.
(Friedrich der Große)

Die kalte Schnauze eines Hundes ist erfreulich warm
gegen die Kaltschnäuzigkeit mancher Mitmenschen.
(Ernst R. Hauschka)

Bitte eines Hundes:
Schlage mich nie – Du triffst nicht meinen Körper.
Du triffst meine Seele!!!
(Unbekannt)

Wenn du einen verhungernden Hund auflíest und machst ihn satt,
dann wird er dich nicht beißen.
Das ist der Unterschied zwischen Mensch und Hund.
(Mark Twain)

Schau dir den Blick deines Hundes an:
Kannst du immer noch behaupten, er hätte keine Seele?
(Victor Hugo)

Das Beste am Menschen ist sein Hund.
(Französisches Sprichwort)

Unter hundert Menschen liebe ich nur einen,
unter hundert Hunden neunundneunzig.
(Marie von Ebner-Eschenbach)

„Ihr Hund ist nie angeleint!" „Ihre Kinder auch nicht."
„Aber das sind Kinder!"
„Wir rufen jetzt und wer nicht kommt,
trägt ab sofort eine Leine! Abgemacht?"
(Unbekannt)

Kauf einen jungen Hund
und du wirst für dein Geld
wilde entschlossene Liebe bekommen.
(Rudyard Kipling)

Ich habe große Achtung vor der Menschenkenntnis meines Hundes, er
ist schneller und gründlicher als ich.
(Fürst Bismarck)

Woran sollte man sich von der endlosen Verstellung, Falschheit
und Heimtücke der Menschen erholen,
wenn die Hunde nicht wären, in deren ehrliches Gesicht man ohne
Misstrauen schauen kann?
(Arthur Schopenhauer)

Literaturverzeichnis

- Alt, Franz: Der ökologische Jesus, Vertrauen in die Schöpfung, 2003
- Anders, Günther (1): Die Antiquiertheit des Menschen. Erster Band: Über die Seele im Zeitalter der zweiten industriellen Revolution. 6. Auflage. C.H. Beck, München [1956] 1983
- Anders, Günther (2): Die Antiquiertheit des Menschen. Zweiter Band: Über die Zerstörung des Lebens im Zeitalter der dritten industriellen Revolution. 3. Auflage. C.H. Beck, München [1980] 1984
- Anrig, Daniel Rudolf (Hrsg.) / David Geisser (Autor), Päpstliche Schweizergarde – Buon appetito: Rezepte, Geschichten und prominente Porträts – Werd Weber Verlag (Oktober 2014)
- Autorenteam: Wer sitzt auf dem Stuhl Petri, Band 3, Verlag DAS WORT GmbH 2006
- Balluch, Martin: Der Hund und sein Philosoph – Plädoyer für Autonomie und Tierrechte. Promedia Verlag, Wien 2014
- Beckermann, Ansgar: Das Leib-Seele-Problem. Eine Einführung in die Philosophie des Geistes. Wilhelm Fink, Paderborn 2008
- Benecke, N.: Der Mensch und seine Haustiere. Die Geschichte einer Jahrtausendealten Beziehung, Stuttgart 1994
- Benz, Wolfgang: Was ist Antisemitismus?, Bonn 2004
- Böhm, Daniela: Rede zum Tierrechtstag in Jena am 06.07.2013 in: www.fellbeisser.net/authors/tierrechte-und-empathie-rede-zum-tierrechtstag-in-jena
- Bogner, Gerhard: Das neue Krippenlexikon. Wissen – Symbolik – Glaube. Ein Handbuch für den Krippenfreund. Fink, Lindenberg 2003

- Bonis, Louis de: Vom Affen zum Menschen, 1 & 2. Spektrum, Compact 2004, 1. Verlag Spektrum der Wissenschaft, Heidelberg 2004
- Bremmer, Jan N.: Die Karriere der Seele. Vom antiken Griechenland ins moderne Europa. In: Janowski, Bernd (Hrsg.): Der ganze Mensch. Zur Anthropologie der Antike und ihrer europäischen Nachgeschichte. Akademie Verlag, 2012
- Brown, Dr. Michael L.: Unsere Hände sind mit Blut befleckt. Die tragische Geschichte der „Christen" und Juden. Megamedien und CFRI 2000
- Brüntrup, Godehard u.a. (Hrsg.): Auferstehung des Leibes – Unsterblichkeit der Seele. Kohlhammer, Stuttgart 2010
- Corell, Richard / Koch, Ronald: Papst ohne Heiligenschein? Joseph Ratzinger in seiner Zeit und Geschichte, Zambon Verlag 2006
- Crone, Katja u.a. (Hrsg.): Über die Seele. Suhrkamp, Aufsätze zur Philosophiegeschichte und Beiträge zur Diskussion im 21. Jahrhundert, Berlin 2010
- Damásio, António R.: Der Spinoza-Effekt – Wie Gefühle unser Leben bestimmen. List, München
- Dautzenberg, Gerhard: Seele. IV. Neues Testament. In: Theologische Realenzyklopädie, Bd. 30, Berlin 1999
- Denzinger, Heinrich / Hünermann, Peter: Kompendium der Glaubensbekenntnisse und kirchlichen Lehrentscheidungen, Herder 2005
- Descartes, René: Abhandlung über die Methode, richtig zu denken und Wahrheit in den Wissenschaften zu suchen. Berlin 1870
- Deschner, Karheinz (1): Das Kreuz mit der Kirche – Eine Sexualgeschichte des Christentums
- Deschner, Karheinz (2): Der gefälschte Glaube, Heyne München, 1992

- Deschner, Karheinz (3): Das schwärzeste aller Verbrechen – Christen gegen die Kreatur. Eine Polemik in: http://antispe.de/txt/verbrechen.html
- Dinzelbacher, Peter (1) (Hg): Mensch und Tier in er Geschichte Europas: Kröners Taschenausgabe Bd.342, Alfred Kröner Verlag, Stuttgart 2000
- Dinzelbacher, Peter (2): Gebrauchstiere und Tierfantasien, Mensch und Tier in der europäischen Geschichte, in: Aus Politik und Zeitgeschehen, Jg. 62 (2012)
- Dohmen, Christoph: Das große Sachbuch zu Welt und Umwelt der Bibel. Überarb. Neuaufl. in neuer Rechtschreibung. Verl. Kath. Bibelwerk, Stuttgart 2005
- Drewermann, Eugen: Über die Unsterblichkeit der Seele, Hoffnung für die leidende Kreatur, Patmos Verlag, 2. Aufl., 2012
- Ebach, J.: Ende des Feindes oder Ende der Feindschaft?: Der Tierfriede bei Jesaja und Vergil, Biblische Exegesen, Reflexionen, Geschichten, Neukirchen-Vluyn 1986
- Engelke, Elisabeth und Gasse, H. (Anatomisches Institut, Tierärztliche Hochschule Hannover): Zur Lage unterschiedlicher Trensengebisse im Pferdemaul; In: Pferdeheilkunde 18 (2002), 4 (Juli-August), 367-372
- Figl, Johann, Klein, Hans-Dieter (Hrsg.): Der Begriff der Seele in der Religionswissenschaft. Königshausen & Neumann, Würzburg 2002
- Foer, Jonathan Safran: Tiere essen. Fischer Taschenbuch 2015
- Frenzel, Birgit: Hunde können Gedanken lesen, in: Max-Planck-Gesellschaft vom 07.12.2009, in: http://www.mpg.de/forschung/hunde-lesen-gedanken
- Geissmann, Thomas: Vergleichende Primatologie. Springer, Berlin 2003
- Gerlitz, P.: Mensch und Natur in den Weltreligionen. Grundlagen einer Religionsökologie, Darmstadt 1998

- Goetschel, Antoine F. mit Doris Mendlewitsch: Tiere klagen an. Fischer Taschenbuch, Frankfurt am Main 2013
- Harris, Sam: Brief an ein christliches Land. C. Bertelsmann, 2007
- Hasenfratz, Hans-Peter: Die Seele. Einführung in ein religiöses Grundphänomen. Theologischer Verlag, Zürich 1986
- Hattstein, Markus: ISLAM – Geschichte, Lehre, Glaube, Weltbild, ParRagon Books Ltd
- Heil, Christoph: Die Ablehnung der Speisegebote durch Paulus. Zur Frage nach der Stellung des Apostels zum Gesetz. (Bonner Biblische Beiträge 96) Beltz Athenäum Verlag, Weinheim 1994
- Heinsohn, Gunnar: Die Erschaffung der Götter. Das Opfer als Ursprung der Religion. Rowohlt, Reinbek 1996
- Herrmann, Horst: Die Vermarktung der Nächstenliebe, 1993
- Hofstätter, Peter R. (Hrsg.): Psychologie. Das Fischer Lexikon, Fischer Taschenbuch Verlag, Frankfurt am Main 1972
- Holzbauer, Matthias / Potzel, Dieter: Wer Wind sät, wird Sturm ernten. Klimakollaps und Reinkarnation. Oder: Gott lässt Seiner nicht spotten. Wachet auf, ruft uns die Stimme, Marktheidenfeld 2014
- Ingensiep, Hans Werner: Der kultivierte Affe. Philosophie, Geschichte, Gegenwart. S. Hirzel, Stuttgart 2013
- Janowski, Bernd / Neumann-Gorsolke / Gleßmer (Hrsg.): Gefährten und Feinde des Menschen. Das Tier in der Lebenswelt des alten Israel. Neukirchen-Vluyn 1993
- Jedin, Hubert: Kleine Konziliengeschichte, 6. Aufl., Herder 1978
- Jüttemann, Gerd u.a. (Hrsg.): Die Seele. Ihre Geschichte im Abendland. Psychologie Verlags Union, Weinheim 1991
- Junker, Thomas: Die Evolution des Menschen, Verlag C.H.Beck, 2006
- Knörzer, Guido: Töten und Fressen? Spirituelle Impulse für einen anderen Umgang mit Tieren. Kösel-Verlag 2001

- Körtner, Ulrich H.J. / Popp, Marianne (Hrsg): Schöpfung und Evolution – zwischen Sein und Design. Böhlau Verlag 2007
- Kühnel / Sieferle: Natur / Umwelt. Mittelalter, in: P. Dinzelbacher (Hrsg): Europäische Mentalitätsgeschichte. Stuttgart 1993
- Langbein, Walter Jörg: Lexikon der Biblischen Irrtümer, Langen Müller Verlag 2003
- Liechti, Martin (Hrsg.): Die Würde des Tieres. Harald Fischer Verlag, Erlangen 2002
- Maier, Wolfgang: Primates, Primaten, Herrentiere. In: Wilfried Westheide, Reinhard Rieger (Hrsg.): Spezielle Zoologie. Teil 2: Wirbel- oder Schädeltiere. Spektrum Akademischer Verlag, Heidelberg/Berlin 2004
- Matthieu Ricard: Plädoyer für die Tiere, Nymphenburger 2015
- Mattiesen, Ulf: Ethik, Werte und Ideale der Ägypter, Israeliten, Griechen, Römer, 2008
- Moll, Dr. Sebastian: Jesus war kein Vegetarier, bup-Verlag,
- (Berlin University Press) 2011
- Müller, Daniela: Katharer, in: Adolf Holl (Hrsg.), Die Ketzer, 1994
- Mynarek, Hubertus (1): Papst ohne Heiligenschein, Sonderdruck, Odernheim 2006
- Mynarek, Hubertus (2): Ökologische Religion, Ein neues Verständnis der Natur, 1968
- Neuner, Josef / Roos, Heinrich (Hg.) (1): Der Glaube der Kirche in den Urkunden der Lehrverkündigung. Regensburg 1971(13. Aufl.) und Neuner / Roos (2), neu bearbeitet von Karl Rahner und Karl-Heinz Weger. Regensburg (Friedrich Pustet) 1986. 12. Auflage
- Ott, Ludwig: Handbuch der Dogmatik, 11. Auflage, Bonn 2005
- Patterson, Charles: Für die Tiere ist jeden Tag Treblinka – Über die Ursprünge des industrialisierten Tötens – Verlag Zweitausendeins, Frankfurt/M.

- Paul, Andreas: Von Affen und Menschen. Wissenschaftliche Buchgesellschaft, Darmstadt 1998
- Perler, Dominik: René Descartes. Beck, München 1998
- Poser, Hans: René Descartes, Eine Einführung. Reclam, Stuttgart 2003
- Ratzinger, Papst Joseph: Licht der Welt, Freiburg 2010
- Refisch, Johannes: Menschenaffen – Ihr Schicksal ist unseres. Books on Demand, Norderstedt 2014
- Ricard, Matthieu: Plädoyer für die Tiere. Nymphenburger 2015
- Rither, Edith / Weiss, Michael Noah (Hrsg.): Tier – Mensch – Ethik, im Auftrag der Initiative Weltethos Österreich, Lit Verlag, AG GmbH & Co. KG, Wien 2012
- Rosen, Steven J.: Die Erde bewirtet euch festlich – Vegetarismus und die Religionen der Welt, Satteldorf 1992, S. 41
- Ruh, Ulrich: Der Weltkatechismus: Anspruch und Grenzen. Freiburg im Breisgau: Herder 1993
- Sasse, Peter: Die Angst vor der Frohen Botschaft, Musketier Verlag, Bremen 2016
- Schmidt, W.R. u.a.: Geliebte und andere Tiere im Judentum, Christentum und Islam. Vom Elend der Kreatur in unserer Zivilisation, Gütersloh 1996
- Schopenhauer, Arthur: Parerga und Paralipomena (2 Bände), 1851
- Schroer, Silvia: Die Tiere in der Bibel. Eine kulturgeschichtliche Reise, Freiburg 2010
- Schröpel, Michael: Bildatlas der Primaten: Trockennasenprimaten. Books on Demand, Norderstedt 2012
- Schultz, Uwe: Descartes. Biographie. Europäische Verlagsanstalt, Hamburg 2001
- Skriver (1), Carl Anders: Die Lebensweise Jesu und der ersten Christen, Lübeck-Travemünde 1973

- Skriver (2), Carl Anders: Der Verrat der Kirche an den Tieren, Saint Germain Verlag; 2. Auflage. (1. Februar 1998)
- Staudinger, Josef: Das Jenseits als Schicksalsfrage, Einsiedeln 1950
- Strehlow, Carsten: Vegetarismus / Veganismus als Bestandteil des Christentums, Berlin, 2000
- Teutsch, Gotthard M.: Mensch und Tier – Lexikon der Tierschutzethik. Vandenhoeck & Ruprecht, Göttingen 1987
- Wild, Markus: Die anthropologische Differenz: der Geist der Tiere in der frühen Neuzeit bei Montaigne, Descartes und Hume. Walter de Gruyter 2006
- Wolf (1), Hans-Jürgen: Sünden der Kirche (Das Geschäft mit dem Glauben) Nikol-Verlagsgesellschaft Hamburg 1995
- Wolf (2), Ursula: Das Tier in der Moral. Klostermann, Frankfurt am Main 1990
- Wyss, Dieter: Kain. Eine Phänomenologie und Psychopathologie des Bösen. Königshausen und Neumann, 1997

Internet-Quellen

- Quelle 1: TierarztBlog vom 28. November 2011, In der katholischen Kirche haben Tiere keinen Platz? in: http://www.tierarztblog.com/2011/11/28/tierschutz-in-der-katholischen-kirche/
- Quelle 2: Interview von Britta Berkenfeld, Pfotenhilfe Europa mit Maja Prinzessin von Hohenzollern in: www.pfotenhilfe-europa.eu/prinzessin0.html
- Quelle 3: Maja Prinzessin von Hohenzollern im Interview in: http://www.planethund.com/tierschutz/maja-prinzessin-von-hohenzollern-interview-0704.html

- Quelle 4: Hubert Hubwenzl: Haben Tiere eine Seele? Frage an Bischöfe, in: https://hubwen12.wordpress.com/2010/11/26/tiere-seele-frage-bischoefe-10062058/
- Quelle 5: Tiere haben keine Seele. Oder etwa doch?! Über die wahre Bedeutung des Wortes „Animal", 08.04.2012, diverse Autoren. U.a. Film: Skateboardfahrender Hund, in: http://www.gour-ni-times.de/2012/04/08/tiere-haben-keine-seele-oder-doch/
- Quelle 6: Colin Goldner „Machet sie euch untertan und herrschet …" in: MIZ Materialien und Informationen zur Zeit, http://www.miz-online.de/node/266
- Quelle 7: PETA, Stand November 2014, Schlachtung schwangerer Kühe: Tausende Kälber ersticken qualvoll im Mutterleib, http://www.peta.de/schlachtung-schwangerer-kuehe#.VuWBfxJqOHh
- Quelle 8: Jennifer S. Holland: Unlikely Friendship in: http://xn--ag-vhb.net/aussergewoehnliche-tierfreundschaften/
- Quelle 9: Petra Dierks: Ingo und Poldi – eine rührende Tierfreundschaft, Westdeutscher Rundfunk Köln, Stand: 08.12.2015, 11:52 Uhr in: http://www1.wdr.de/ingo-und-poldi-tierfreundschaft-100.html
- Quelle 10: Können Wölfe und Bären Freunde sein? 18.08.2015 in: http://dex1.info/konnen-wolfe-und-baren-freunde-sein-diese-ungewohnliche-tierfreundschaft-beweist-es/
- Quelle 11: Helmut F. Kaplan: Die Schuld der Kirche am Elend der Tiere, Ostersonntag 24.04.2011, in: http://www.rohanowski.de/wissen/die-schuld-der-kirche-am-elend-der-tiere-/index.html

- Quelle 12: Haucke, Gert: Keiner hört ihre Schreie in: http://aspects-and-reviews.npage.de/freiheit-fuer-tiere/mensch-mit-herz.html
- Quelle 13: Steinkampf, Veronica: Tiere in Altenheimen – Eine Brücke zu mehr Lebensfreude in: http://www.tiergestuetzte-therapie.de/pages/texte/wissenschaft/steinkampf/steinkampf.htm
- Quelle 14: Kirbach, Roland: Der Tag ist ausgefüllt in: ZEIT ONLINE, 11.02.1994, www.zeit.de/1994/07/der-tag-ist-ausgefuellt
- Quelle 15: Darwin, Charles: „The citadel itself.– the mind is function of body" (1838) in Auszügen veröffentlicht unter: „Stammt der Mensch vom Affen ab?" Pan Sapiens 06.12.2008 in: http://www.darwin-jahr.de/evo-wissen/stammt-mensch-affen-abb9db?page=0,0&%24Version=1&%24Path=%2F
- Quelle 16: Darwin, Die Natur der Seele in: Der Tagesspiegel Online, vom 31.08.2008, in: www.tagesspiegel.de/meinung/kommentare/darwin-die-natur-der-seele/1313638.html
- Quelle 17: Balluch, Martin: SchimpansInnen intelligenter als Menschen!? 26.02.2013 in: http://www.martinballuch.com/schimpansinnen-intelligenter-als-menschen/
- Quelle 18: Bericht peta in: www.peta.de/eier-so-leiden-huehner-in-deutschen-haltungssystemen#.Vsrp5BJqOHh

Bildnachweise:

- Bild 1a: Fotolia, Datei #92066999, countrypixel
- Bild 1b: PETA Deutschland
- Bild 1c: Fotolia, Datei #119536478, otsphoto
- Bild 1d: PETA Deutschland
- Bild 2: Fotolia, Datei #81227835, otsphoto
- Bild 3 und 4: Katjuscha und Sascha, Bildrechte beim Autor
- Bild 5: Fotolia, Datei #86722812, Kristina Stasiuliene
- Bild 6: Mit Genehmigung von Ursula Heß, Fotografin der NORDSEE-ZEITUNG vom 12.10.2016
- Bild 7: Fotolia, Datei #121199711, jota69
- Bild 8: Fotolia, Datei #78848979, jota69
- Bild 9: Fotolia, Datei #109574495, Vera Kuttelvaserova
- Bild 10: PETA Deutschland
- Bild 11: Fotolia, Datei #88927112, fresne16
- Bild 12: Fotolia, Datei: #98100219, radub85
- Bild 13: PETA, Wiebke Plasse
- Bild 14: Fotolia, Datei #35716778, thongsee
- Bild 15: PETA Deutschland
- Bild 16: Fotolia, Datei #53602394, fraeuleinlux
- Foto 17: PETA Deutschland
- Foto 18: PETA Deutschland
- Bild 19: PETA Deutschland
- Bild 20: Fotolia, Datei #97156919, Kadmy
- Bild 21: PETA Deutschland
- Bild 22: PETA Deutschland
- Bild 23: PETA Deutschland
- Bild 24. Fotolia, Datei #94229149, froto

- Bild 25: PETA Deutschland
- Bild 26: PETA USA
- Bild 27: PETA USA
- Bild 28: PETA Deutschland
- Bild 29: Fotolia, Datei #73406705, Carola Schubbel
- Bild 30: Fotolia, Datei #91793820, grafikplusfoto
- Bild 31: Tanja Brandt
- Bild 32: Fotolia, Datei #19887262, jofoto
- Bild 33: Fotolia, Datei #75348793, cheekylorns
- Bild 34: Fotolia, Datei #89028425, Neyro
- Bild 35: Naumburger Dom, Bildrechte beim Autor
- Bild 36: Fotolia, Datei #15499988, otisthewolf
- Bild 37: Privat, Bildrechte beim Autor
- Bild 38: PETA Deutschland
- Coverbild: Shutterstock Inc. / © Victoria Novak

Danksagung

Dieses Buch widme ich allen Tieren.

Die lieben Tiere und Menschen, die mir während des Schreibens eine Hilfe gewesen sind, sollen hier nun besondere Erwähnung finden:

Zunächst richtet sich mein Dank an meinen Verlag, der meine Werke einer breiten Öffentlichkeit zugänglich gemacht hat. Die vielen Blätter hatte zunächst meine Lektorin zu lesen. Das war bestimmt nicht immer einfach. Innigen Dank also, liebe Wiebke Jakob, auch für die Korrekturen. In gleichem Atemzug möchte ich natürlich auch meiner lieben Ehefrau Martina und unseren zwei Hunden Katjuscha und Sascha danken, die mir die Kraft zum Schreiben gegeben haben.

Peter Sasse

Meine tiefe Dankbarkeit gilt Herrn Frank Lenk, der durchweg unterstützte – eine großartige Stärkung! Ohne ihn wäre dieses Buch nicht publiziert worden.

Der Verleger

MEHR VON PETER SASSE

In seinem ersten Buch „Die Angst vor der Frohen Botschaft" setzt sich Peter Sasse kritisch mit der katholischen Kirche auseinander und zeigt fundiert sowie schonungslos Jesus-Mythen und die Widersprüchlichkeit der Glaubenslehre, Frauendiskriminierung, sexualisierte Gewalt, das Problem der Kirche mit der Sexualität der Frau, das schändliche Verhalten der Kleriker und Völkermorde auf. Dabei beleuchtet Sasse sowohl das Alte als auch das Neue Testament mit all seinen Facetten – auch mit der Annahme, Mutter Teresa sei eine barmherzige Frau gewesen. Ein Werk für Gläubige und interessierte Laien, die sich nicht scheuen, einen etwas anderen Blick auf die Kirche zu werfen.

www.musketierverlag.de
www.facebook.com/musketierverlag

MUSKETIERVERLAG